素讀 | 思想家

UNREAD

妈妈的「战争」

一份新时代妈妈的成长报告

Momself 编著

北京联合出版公司
Beijing United Publishing Co.,Ltd.

目录

序
当妈这么累，为什么还要当？

生活从不尽如人意

2015年5月的一天，墨西哥。

桑德伯格在健身房的跑步机旁发现了因心律失常倒地的丈夫。他们当时到墨西哥给朋友过生日，为了这难得的二人世界，桑德伯格还期待了好几天。但她万万不曾想到，这会是她此生跟丈夫的最后一次旅行。她曾以为这个"永远理解自己，坚定地支持自己，全然深爱自己"的男人，会陪自己度过余生，然而，她的余生却是以另外一种方式开始的。那一年，她46岁，他们的婚姻走到了第11年。而他们的两个孩子，都还在读小学。

桑德伯格是"脸书"的首席运营官，她的《向前一步》一书至今仍是备受推崇的女性成长读物。她鼓励万千女性在谈判桌前要往前坐，还曾连续数年蝉联《福布斯》科技行业全球最具影响力女性第一名。

但在这一天,她失去了所有的信念,她甚至觉得自己跟孩子们这辈子再也不会有真正的快乐。在公墓,两个孩子一下车就哭倒在地,路都走不了。桑德伯格躺在草地上,紧紧抱着他们,哭成一团。

之后很长一段时间,桑德伯格每晚都是哭着入睡,等第二天早上醒来,又会经历同样的情绪。她不相信没有戴夫自己还可以生活下去,而在内心深处,她最大的恐惧是孩子们会就此永远地失去快乐。

我们都不曾真的准备好迎接任何一种生活,而是砰的一声,迎面撞上。

2017年的一天,广东汕头。

丽子的丈夫回家后忽然对她说:"我们可能要破产了,公司所有员工都走了,老曾拿走了仅剩的15万元,仓库积压的货出不掉,我们拖欠了几十万元的生产费,他们还说要把我告上法院。你跟孩子还是先回老家避避风头吧。"丽子当时端着一碗刚做好的热汤,整个人有如遭到晴天霹雳般怔在那里,直至汤烫到了手指才回过神来。

这是丈夫三年来第一次跟她谈生意上的事情。丽子大学毕业后做过三年记者,但为了家庭和孩子,她辞职做了全职妈妈。接下来两年里,她周旋于生意、家庭、孩子各种关系中,用她自己的话说:"随着时间的累积,我感觉自己的人生完全失控了。孩子的吵闹声,与老公悬殊的家庭地位,都让我觉得自己随时可能会抑郁。"然而,就在这个时候,丈夫的公司却要破产了。

你以为已经坠入谷底,想不到命运才不会轻易向你交底。

1997年，美国芝加哥。

米歇尔·奥巴马从未想过自己有一天会成为美国第一夫人。那时的她一心只想要个孩子，她与丈夫做过各种努力与尝试，但都以失败告终。第一次怀孕后，她没过几个星期就流产了。她与丈夫去看过不孕不育的医生，为了配合排卵期各种"赶场"，她还要连续几周每天给自己注射抑制排卵的药物，再注射刺激排卵的药物——与此同时，奥巴马刚刚进入政界，忙得不可开交。

对于工作一直很出色，并且坚持两性"平等"的米歇尔来说，这很不公平。她在自传《成为》里如此回忆道：

……我只是感到了作为女性的巨大负担。不管怎么说，他走了，而我留在这里，担负着责任。我已经感觉到，我做出的牺牲要比他多。在未来的几周，他可以正常上班，而我却要每天做超声检查监测排卵情况。他不需要抽血，也不需要取消任何会议去做宫颈检查。虽然我的丈夫对我呵护备至，在这件事上也尽他所能全力以赴，他读了所有关于试管婴儿的资料，整晚地跟我讨论这个问题，但是他唯一真正需要做的就是到医生的办公室去提供一些精子。之后如果他愿意，还可以去喝杯马天尼酒。这些都不是他的错，但确实不公平。对于任何一直抱持平等原则的女人来说，这可能都有点令人困惑。那个要改变所有计划、暂时搁置激情和事业以实现我们这一梦想的人，是我而不是他。

生活总是有各种面目，有时超出期待，有时又让人大跌眼镜。我们兴冲冲地闯入婚姻，期待成为妈妈之时，每个人都会兴高采烈地向你祝福，可不会有人告诉你，你接下来将会遇到这么多挑战，而有时候，这些挑战甚至足以把你压垮。

不过有趣的是，故事常常并不按照我们的预设发展。

成为妈妈，意味着什么

这个时代很特别，不再一味鼓吹"为母则刚"与"母爱的伟大"，而是更多时候让生育和成为妈妈变成了可以讨论的问题。所有的社交媒体都在告诉我们成为妈妈会给女性带来怎样的挑战：肚皮上布满妊娠纹，生产时痛到昏厥，产后抑郁过程中需要独自面对无法表达的孤独，成为妈妈之后疲于应对事业与家庭的两难，还有媒体一直在渲染的丧偶式育儿以及教育压力。

年轻的同事们常常问我，那为什么还要生孩子呢？这真是一个好问题。我一直对自己年轻时看过的《廊桥遗梦》印象深刻。梅丽尔·斯特里普饰演的家庭主妇在面对情人一同离开的邀请时，悲伤地说道："你不明白，没有人能明白，当一个女人选择结婚生子，一方面意味着她生命的开始，但另一方面，也意味着她生命的结束。"哪怕在平时，她也只有等孩子和丈夫不在家时，才可以欢快地选择自己喜欢的歌曲，光着脚在室外吹风，而孩子们"几乎跟她没什么交流"。大概是斯特里普演得太好了，我当时被"结束"给结结实实地吓到了。

后来随着我成为妈妈，身边很多朋友成为妈妈，我才渐渐发现，这个世界上的每一个角落，无数的女性正经历着人生角色的变化，但关键词不是"结束"，而是"开始"。我看到的是，成为妈妈激发了我们生命惊人的潜能，尤其在面临挑战时。

确认丈夫去世后，桑德伯格的第一个电话打给了一个13岁丧母的朋友。她在电话里歇斯底里地尖叫："告诉我，我的孩子不会有事！告诉我，他们会没事的！"正是妈妈这个身份，让她在最绝望的时候，因为还有所牵挂，才拼命抓住了最后的救命稻草。

2017年9月，桑德伯格的第二本书《另一种选择》中文版问世。她在书里告诉我们，尽管至亲离世的痛苦不可避免，但作为妈妈，她必须帮助自己和孩子们尽快从这种痛苦中走出来。

停止自责之后，她忽然发现，不是每件事情都很糟糕，至少孩子们可以整夜熟睡了。

她开始允许自己在孩子面前表达悲伤。有一天，他们要去参加一个重要的晚宴，儿子拉着她的手说："妈妈，即使你还是很难过也没关系，每个人都知道我们家经历了什么。"

随后，她开始用写作排解忧伤，同时还要求自己每天都写下"最好的三件事"。她发现，并不是一切都很糟糕，除了孩子们可以整夜熟睡，女儿还在聚会上笑了很久。她不断学习，关注周围有同样境遇的人们，并力所能及地支持和帮助他们："你想让别人怎么对你，就要怎么样对别人。"

这个过程像是一次又一次的正向循环，让她感觉到自己的力量在恢复。她开始接受这一事实：哪怕失去丈夫，她也值得拥有快乐。他们一家三口发明了一种家庭内部的加油助威游戏——三个人挽着手臂，大声喊"我们很坚强"。

直到有一天，戴夫的妹妹告诉她："你知道吗，孩子们说他们感觉好多了，因为妈妈不再一个劲儿地哭了。"桑德伯格在书里写道："在这个过程中，我发现了自己拥有从不知道的能力。"

我也有过这样的瞬间，我甚至常常觉得，成为妈妈所收获的，要远比我所付出的多。我是一个创业妈妈，这意味着我在过去五年里孕育了两件全新的东西：公司和孩子。

好多朋友都向我投来同情的目光："你何苦呢？忙成这样，压力那么大。"但只有少数我最亲密的朋友才知道，我比以前更强大了，在很多挫折面前也复原得更快。有一天，因为决策失误，我跟合作方发生了争执，加上各方面受的委屈，我躲到洗手间失声痛哭。还没哭两下，小朋友忽然敲了敲门，好奇地问道："妈妈你在干吗？我们去吃酸奶啊，奇亚籽味道的，超好吃啊！"

我瞬间停止哭泣，清了清嗓子，说："马上来啊！"然后洗把脸，走出洗手间。小朋友贪婪地舔着酸奶盖，嘴唇边缘好像长了一圈白胡子："好好吃啊，妈妈。你尝尝。"一瓶酸奶过后，我已经可以重新去梳理合作要点了。那小小孩童的生命力，大过你的想象，这种力量甚至能把你从成人世界的焦灼中迅速地拉出来。我看到的是，成为妈妈让我们体验到了生命的完整性。它是一次神奇的旅程。

因为感到"不公平"，大约有八周时间，米歇尔都心怀怨恨，直至有一天，她突然改变了这种想法。她当时听到了一个声音，然后所有的怨恨都消失了。那是超声波捕捉到的一个嗖嗖的水样的声音，从她体内某个地方传出来。忽然，她对整件事情的感受都开始改变了。

我身体里藏着一个秘密，那是我的特权，是身为女性的礼物。我怀揣着它带来的希望，感觉充满活力。那种感觉贯穿了我整个孕期，虽然前三个月的疲劳耗尽了我的精力，我的工作仍然很忙……但是当时我的内在发生了变化，一个小宝宝在成长，是一个小女孩……我们看不到她，但她就在那儿，秋去冬来，然后又是春天，她越长越大，越来越活跃。我之前的感觉——对贝拉克超脱于整个过程的嫉妒，完全翻转了。他是局外人，而我在体验整个过程。我是这个过程的一部分，跟这个小小的迅速成长的小生命不可分割，她就在我的肚子里伸胳膊踢腿。我不再是一个人，不再感到孤独。（《成为》）

我后来才知道，女人在生孩子时会分泌一种名为催产素的物质，帮助母亲和孩子之间建立起一种亲密无间的情感联结。这种天然的生理学反应让我们对自己的孩子有着不可替代的爱。

跟另外一个生命全然合而为一，这正是生命本身最神奇的地方。这也是一个妈妈所能收获的最好的礼物。我看到，成为妈妈给了我们力量，让我们变成更好的自己。

在丈夫的公司濒临破产时，丽子把自己关在家里，她不想与外界接触，觉得自己站在悬崖边缘。垮掉还是撑住？前进还是后退？又或者，已经无路可退？

她唯一无法视而不见的是两个孩子，他们需要妈妈，吃饭和睡觉都需要有人陪。他们还太小，不清楚家里发生了什么。他们仍然哭，仍然笑，多吃一口少吃一口，都阻挡不了他们每一天的生长。看着孩子，她有时候会恍惚，事情也许并没有那么糟？不是吗，你看，他们因为一颗糖就能咯咯大笑。他们天真无邪地看着你，好像全世界只有一件事，那就是：我能吃一个冰激凌吗？一旦得到许可，便满足得连自己都变成了香草味的冰激凌。他们巨大的生命力，深深地包裹着你。

一个月后，丽子走出房门，跟所有人说：不要关掉公司，我有办法。她说服婆婆来帮忙照看孩子，说服丈夫改变经营方向。公司已经人去楼空，债主半夜带人上门逼债，丽子鼓起勇气，冲在前面跟债主谈合作，最忙的时候，一天要飞到两个城市见客户。订单越来越多，债务也终于还清。她成了公司的法人。丈夫心甘情愿退居幕后做设计。有一天丈夫对她说，娶到你啊，是我这辈子最大的福气。

2011年，米歇尔有了第二个女儿。不久之后，她遇到了一份很适合自己的工作。丈夫奥巴马的事业似乎顺风顺水，日程排得很满，小女儿还在吃母乳，三岁的大女儿在上幼儿园，家里方方面面的事情都落到了她身上。但她很喜欢那份工作，不只是因为薪水可观，能更好地负担家庭开支，还因为那份工作能保证她有足够多的时间陪伴女儿。于是，她带着三个月大的女儿去参加了面试——她一边晃着坐在腿上的孩子，一边自如地应对各种面试问题——这是职场妈妈特有的能力。

　　她如愿以偿得到了工作，并且表现很好。因为她每天五点钟起床，在其他人起床前就已经完成了大半的工作。

　　但挑战并没有就此停住，他们跟每一对夫妻一样，婚姻也出现了问题。丈夫奥巴马工作繁重，米歇尔感受不到支持，特别是当她自己有一份全职工作，而且还要费心照顾两个孩子时。因此，他们选择了婚姻咨询。随后她渐渐意识到，她有办法让自己更开心。

　　我发现，我一直在给自己最消极的部分火上浇油，觉得一切都不公平，然后像一个哈佛大学培养的律师一样，千方百计地搜寻证据来支持这一假想。我开始尝试新的假想：也许我可以比以往做更多事情，让自己开心起来。我忙于责怪贝拉克把健身这一项加进他的日程表里，而根本没想我如何定时健身。我耗费了太多精力，为他能否赶回家吃晚饭而烦恼，结果不管他在与不在，晚饭本身已经不再有趣。这是我的支点，我自我救赎的时刻……首先，我下决心让自己的身体变得更健康……在吃饭回家这个难题上，我制定了更适合我和女儿们的新规矩。我们定下时间表，然后严格遵守。每天晚饭时间是下午六点半，洗澡是在七点，接着是读书、拥抱，最后在八点整熄灯。这个作息是雷打不动的，这就把责任放在了贝拉克身上，他要么赶得上，要么赶不上。对我来说，这比推迟晚饭时间或者让女儿们一边打瞌睡一边等着和爸爸拥抱要合情合理得多。……我希望她们长大后内心强大、关注自己的需求、不容忍任何形式的老派的男权政治……（《成为》）

　　这是成为妈妈之后，我们在不断平衡各种关系、平衡外界和自我的过程中所获得的能力。

一切才刚刚开始，敬请关注

妈妈这个身份，是世界上最古老也最新颖、最单纯也最复杂的角色。我们一方面深受传统母亲形象的影响，内心充满爱与期待；另一方面，在新的时代和竞争中，很多传统的方式被打碎，"母亲"也亟须被重新定义。

近三年来，我跟我的团队一直在围绕"妈妈"这一身份做各种调研。我渐渐发现，"妈妈"早已不是一种个人身份，也不再局限于我们传统意义上的种族延续、养育陪伴、为母则刚、一切为了孩子。

不知不觉中，"妈妈"成了一个"社会符号"，意味着自我觉醒、平衡和掌控、协调资源、统筹分工，甚至是一种综合能力的体现——毕竟，孩子的发展无疑能从一个侧面映衬母亲的社会地位和认知水平。

在当代中国，我们面对的经济环境、教育竞争、社会福利、女性劳动者的比例都有鲜明的中国特色，这使"妈妈"这个身份比任何时候都更值得关注。我希望每一个已经成为妈妈的你和我都能享受这个身份，对自己满意："我不是一个糟糕的妈妈，我是一个很棒的妈妈，只是偶然哪一天会过得很糟糕罢了。"我希望每个个体的声音都有存在的理由，而不是只遵循所谓"定式"："这就是我当妈妈的方式，而我才是孩子的妈妈。"我希望我们关注的是真实而不只是正确："我们没有因为成为妈妈而丢失自己，而是找到了自己。"

毕竟，人终其一生都在不断地寻找自我，而成为妈妈，注定会让这个过程更加丰富。

崔璀

第一章

婚姻里的一地鸡毛

我永远爱你，只是没有意义了

前两天跟一个朋友聊到《泰坦尼克号》，朋友说，幸好最后杰克死了，没跟露丝去美国。问她为什么，回答是，即使死亡没能将这对爱人分开，他们的婚姻仍然可能变成这个样子：

"你跟你父亲真像。"

"你跟你母亲才完全一样，她的缺点你身上都有！"

"一想到和你上床，我就想剥掉自己的皮！"

"我每天醒来都希望你死了！我真希望你生病，然后被车撞死！"

这个可怕的吵架片段，来自电影《婚姻故事》。2020年在国内甫一上映，该片就直冲当周豆瓣口碑榜第一，截至目前已有超过25万人为电影打分。因为对婚姻的探讨常常一针见血，电影《婚姻故事》被很多人称为"婚姻劝退指南"。但对我来说正相反，这部电影让我觉得，结婚似乎也没那么糟糕。

人到底为什么结婚？婚姻中的两个人该如何相处？是什么维系着婚姻，又是什么导致它的破裂？《婚姻故事》中没有任何戏剧性的情节，几乎都是纪录片式的对话，但就是这样一部电影，却引发了无数人对这些问题的共鸣与思考。

1
—•—

"每一例相爱，都是希望压倒理智的伟大胜利。"这话不是我说的，是王尔德。

《婚姻故事》的主角是一对标准的美国中产阶级夫妇。斯嘉丽·约翰逊饰演的妻子妮可，是出生在洛杉矶演艺世家的演员；亚当·德赖弗饰演的查理则是新锐戏剧导演。

查理爱上妮可，是因为她会耐心听人说话；能应付各种棘手的婚姻问题；舞跳得很好，热情，充满感染力；就连开酸黄瓜罐头的有力手臂看上去都非常性感（而他怎么费劲也打不开）。

妮可爱上查理，是因为他做事快而有条理；会做饭，也懂得如何穿衣打扮；看电视的时候很容易哭，会因为看书错过地铁；很清楚自己想要什么，从不受他人影响（而她经常感到挫败）。

他们身上有对方最渴望得到也最缺乏的品质。看到这里，你会跟男女主角一样，觉得他俩性格互补，堪称绝配。但下一秒，镜头一转，原来结婚十年、儿子都已经八岁的两个人，正坐在婚姻调解室里协议分居离婚。十几分钟过后，一个"模范夫妻"的完美范本就被撕了个粉碎。

英国作家阿兰·德波顿曾在《爱的进化论》一书里说过："般配是爱情的成就，而不是前提。"我们总以为互补的人适合一起变老，其实不是。这世上从来就没有完全般配的两个人，只要相处的时间足够长，我们就会发现对方身上的种种问题。有些问题甚至严重到让你羞于承认自己当初曾被这样的人吸引。

到底是什么让曾经深爱的两个人，走到了现在这一步？

2
—·—

离婚是妮可提出的。查理甚至搞不懂为什么，他觉得妮可是在无理取闹。因为自己的出轨吗？或者是他们的婚姻已经变成了无性婚姻？是的，妮可确实曾经拒绝跟查理上床，而查理后来也出轨了剧团的同事，这些当然都很要紧，但并不是决定性的。正因为查理到最后都不明白妮可到底为什么要跟他离婚，所以他更加非离不可。

婚姻生活的维持，靠的往往是两个人的迁就和妥协：我们根据对方的喜好，不断调整自己，避免冲突。妮可本来不爱整洁，但为了丈夫，她愿意去收拾。妮可原本喜欢明亮的空间，但因为丈夫节能意识很强，她学会了关上不必要的灯。妮可本可以在洛杉矶当自己的明星，但为丈夫放弃了一切，孤身跑到纽约跟他一起做戏剧。但问题是，为什么自始至终只有妮可一个人在妥协？

婚姻是相互的妥协，而不是单向的牺牲。

开始总是很美好。查理是导演，妮可是他的最佳女主角。两人很有默契，一起创作出了很棒的作品。但随着剧团越发受到追捧，她却显得越来越不重要了，因为来看戏的人无不是冲着查理的名气而来。

要知道，妮可也有自己的追求。她也想当导演，但查理每次都说"下次吧"，结果从来没有下一次；妮可过去几年不断跟查理商量，希望他能和自己一起回洛杉矶待上一年，但查理总是敷衍她"会的，会的"，直到最后，她为了迁就查理一直都没有离开过纽约。

而在生完孩子后，妮可不仅要配合查理的工作，还要更多地承担起"贤妻良母"的职责。妮可说，她感到自己"内心有一部分已经死了，了无生气"。她意识到自己的婚姻生活与当初的设想完全不同，她现在甚至活成了查理的附属品。

妮可律师的一番话，一针见血地指出了婚姻根本就是男权文化的产物。

为什么社会总以不同且更高的标准要求母亲？因为圣母玛利亚被认为是完美无缺的，她生耶稣的时候甚至还是处女，而耶稣的父亲一直在天堂，根本没有露面，他甚至都没碰过她！

因为这段发言无比硬核，《婚姻故事》被很多人解读成一部女权片，但我还是更愿意把它看成一部有关亲密关系的电影。查理把妻子的牺牲当成了婚姻中的理所当然。这不是他一个人的错，而是整个婚姻文化的症结。他们的故事向我们展示了一段亲密关系逐渐恶化的过程：那些我们说了99次都不被重视的事情，谁都不会再想说第100次了。

从来就没有突然的离婚，失望攒够了，自然会有人离开。

3
——•——

有人说，刑事律师会看到坏人最好的一面，而离婚律师会看到好人最坏的一面。随着律师的介入，围绕财产与抚养权的争夺，妮可和查理这场原本罗曼蒂克式的婚姻彻底变成了一场利益之争。

在女方律师口中，查理变成了一个自私野蛮、擅长出轨的渣男；而在男方律师口中，妮可则是一个酒鬼母亲，一个利用丈夫改变生活的三流演员。

爱是一种能力，而不只是一腔热忱。就像那封妮可在调解室里不愿意读的信。信里写道："我会永远爱你，只是没有意义了。"失去意义的婚姻，终会变成外人口中的利益、交易，即便当事人并不想闹到这一步，甚至还爱着对方。

看到查理因为忙于工作和准备离婚连理发都顾不上时，妮可还会亲自为他修剪头发；查理不知道点什么外卖时，妮可比他自己更熟知他的口味；查理因为一些事情气到愤怒地诅咒妮可，随后又因为意识到自己的失控跪地痛哭时，妮可没有反击，反而看到了他的脆弱，走过去温柔地安慰他。甚至到最后，两人已经离婚，但妮可看到查理的鞋带开了，还是会下意识地蹲下来给他系……这都是他们十多年婚姻生活积攒下来的情感。

婚姻是种世俗的制度，是人类社会发展的产物，却也是独属于两个人的生命体验。它会激发出我们每个人最糟糕的样子，也能让我们认识到自己内心最深的渴望，与另一个人紧密地联系在一起——这是一般的恋爱所没有的东西，或许像我这样崇尚不婚的人，终其一生都无法体会。

所以，我甚至有些羡慕《婚姻故事》中的这对夫妻。当然，羡慕归羡慕，最后用一句萧伯纳的话结尾：想结婚的就去结婚，想单身的就维持单身，反正到最后你们都要后悔。

（作者：微微）

甩掉"精神负荷"，拒绝"爱的榨取"

1
— · —

综艺节目《做家务的男人》热播，一度让袁弘圈粉无数。很多观众怒赞："这是什么绝世好男人？张歆艺上辈子一定是拯救了银河系！这得是多少女人的憧憬！"

节目里，袁弘早上六点就已经起床，包揽了做早餐、带娃等大量家务。袁弘的表现惹得朱丹等嘉宾羡慕不已，她们无不感叹自己家里从来没有过这样的景象。

有人可能以为这只是一场"真人秀"。不过李诞当时说了一句："他们家东西在哪儿，袁弘都知道。"就是这样一句话，打消了大家对这种"秀"的质疑。而袁弘光是这一点，估计就能打败我国80%的男性，所以袁弘真的是个好老公、好爸爸。

但就像张歆艺所说，这难道不该是一个正常男人的标配吗？袁弘被盛赞，恰恰说明了我国大多数家庭的现状：男性在家务上做得太少了。袁弘因此圈粉，根本就是"同行"衬托得好。

事实上，这档节目一开始就公布了一组数据：中国女性的就业率排名世界第一；中国男性的做家务时间排名世界倒数第四；中国女性平均做家务的时间比男性多81分钟；家务琐事可能成为中国夫妻离婚的第一大原因。

为什么我们很容易因为家务琐事跟另一半吵架？比如出门，出门前这段时间简直是吵架高发期。很多妻子都有过困惑，为什么自己出门前经常会让老公等？其实是因为我们每次出门前都太忙乱了。除了自己的妆容，我们还需要考虑：孩子搭配什么衣服；老公的皮带放哪儿了；要不要带点零食，以防孩子出门后肚子饿；家里哪几个垃圾桶满了要扔掉；哪些给亲戚的礼物今天要送出去；门窗有没有关好；猫粮、狗狼有没有换好……我们的脑海里有一百零八件需要妥善安排的事情，做家务不只是体力上的买菜、做饭、洗衣服，这种精神上的筹划，其实也是家务的一种。

可是对于男人来说，他们出门前需要做的就只是洗脸、穿衣服，然后站在门口抱怨你太慢了。他们以为家里的地板永远是干净的，饭菜永远都是香的，衣服永远都会自己洗干净并码放整齐。要是找不到什么东西了，只需大喊一声"老婆"。

2

为什么在一个家庭里最焦虑的往往是女性？因为我们总是承担着家庭生活的"精神负荷"。法国漫画家爱玛（Emma）有一组名叫"家务中的性别战争"的漫画，曾一度在网上火爆，单在微博上就被转发了超过23万次。漫画中有这样一幕场景：我有一次去朋友家做客，朋友的妻子一边忙着做饭，一边忙着喂孩子，还不忘招呼我先坐一会儿聊聊天。但在照顾孩子的时候，锅里煮的东西溢出来流到了地上。她一阵手忙脚乱，而她那位拿着啤酒还在跟我们聊天的老公却抱怨道："看这一团糟，你都干了什么？"妻子筋疲力尽，于是反驳道："我干了什么？我干了所有的活儿！"但老公反而说道："那你早说啊！我本来会帮忙的。"

事实上，这是很多家庭中经常出现的情况。很多女性朋友都对这组漫画深有感触，甚至还有看哭的，因为从来没有一个人能把她们的家庭生活这么细致地描绘出来。在此之前，她们还以为家庭生活中出现的问题全都是自己的错。

同时，她们还被动承担了更多的责任：去超市的时候要买棉签；孩子长高了要买新衣服；要按时给保姆结工资；记得孩子打第二针疫苗的时间；全家人的保险要按时续费……

而男人们呢？他们或者会开洗衣机却不会晾衣服，或者等他想到要换床单时，床单早就硬得能立起来了，或者从来不知道怎么给宝宝弄辅食，或者从来不记得自己的衣服放在哪儿……

漫画中，爱玛提出了"精神负荷"的概念。这一概念是说，家庭里的女性成员往往还扮演着"家事经理"的角色，她们不仅要干体力活儿，还要操心所有人的日程安排。而光是"育儿"这一项，就足以花掉女性平时下班后乃至整个周末的时间——辅导孩子功课、陪孩子上补习班、接待老师家访、参加学校的运动会以及家长会……甚至还要"哄睡"。

但这些都不是问题，真正的问题在于，女性在家务上的付出并没有得到社会应有的肯定。

3
—•—

想必很多女性都有过这样的困惑：在家政市场上，一个小时工的月薪从3000元到5000元不等，育婴师的月薪从6000元到8000元不等，而月嫂的工资更是12000元起步，但为什么一个兼顾做饭、洗衣服、打扫卫生乃至于生养孩子的全职主妇，却不如一个月薪几千元的男人？

一开始我也不理解。张歆艺在节目里问过袁弘，因为生孩子自己事业没了，假如以后都不工作，"你会不会不尊重我"？她用了"尊重"。如果说做家务是一项工作，那么家庭主妇面对的最大挑战，其实是"没有薪水"。没有薪水就意味着要在经济上依赖老公——这必然会影响女性在家庭里的地位，甚至要面对一些难堪的处境，比如向老公"要钱"。

韩剧《天空之城》里的女主角韩瑞真是高学历，后来辞了职当全职太太。别人都以为她是光鲜靓丽的少奶奶，但因为没有实际收入，她甚至给孩子开个派对也要被老公质问花了多少钱。

可事实上，这根本就应该是主妇家庭劳动所得的一部分啊！难道就因为老公是主妇的唯一"雇主"，主妇的人生便只能依靠他来评价吗？更不用说家庭主妇唯一的回报就是他的爱。"爱"啊，多么主观的东西！如果今天丈夫的爱淡了，或者变心了，那么主妇难免要面临更绝望的境地：一旦不得不离婚，因为处在经济劣势，家庭主妇可能连请律师的钱都没有！

一旦成为家庭主妇，除了主妇本身的生活没有保障，夸张一点说，就连你"小孩的未来"都难以保障。知乎上有个热门话题，叫作"你们身边的全职太太朋友，现在过得怎么样？"其中有条回复可谓揭示了全职太太的真实处境：把自己的未来寄托在另外一个人的"良心"上——这就是"全职太太"。

她们的家庭劳动不被家庭和社会保障，当然没办法安心。

4

有人可能会说，妻子无偿做家务，丈夫把工资交给妻子保管，这就是爱。而《做家务的男人》里提到最多的一句话，也是"做家务不计较得失，是表现爱的一种方式"。爱当然可以是女人做家务的美好初衷，但不该成为一个已婚女性被无情榨取的理由。

有一部一度很火的日剧《逃避虽然可耻但有用》。新垣结衣饰演的女主角试图和男主角建立一种"契约婚姻"，以雇员的身份为丈夫做家务、拿薪酬。但当男主最终向她求婚，并以此为由，想取消付给她的工资时，她表示出了强烈的抗议："这是爱的榨取！"

真正爱你的人不会只是在口头上赞美你有多么"伟大、辛苦"，实际上却将你置于劣势地位，不仅让你失去经济和社会保障，甚至连对你最基本的认可也要剥夺——这不是爱，是剥削。

我们很多时候需要的只是自己的丈夫也能像袁弘一样，在日常生活中替我们分担家务罢了。我们希望他们能肩负起更多的家庭责任，哪怕只是有空时帮妻子洗一只碗。也或者有可能的话，坚定行使自己的产假权利，在孩子出生后的一个月里花更多的时间陪伴家人。

而所有的女性也应该意识到，我们不过也是有血有肉需要吃喝拉撒的普通人，不需要满足别人"伟大"的期待。我们现在承担的那些"精神负荷"，其实大可不必。

就像爱玛所说，我们需要适时地"为自己松松绑"。即便这可能意味着对满地杂物多一点容忍；出门前轻松点，就算没有准备齐全，也不用懊恼内疚；用"没你不行"，代替"要你何用"……

当然，这么做还有助于让我们的孩子远离刻板的女性形象，为他们创造一个更公平的未来。毕竟，我们已经受够了无私奉献。

（作者：微微）

请勇敢说出对爱人的不满

1

在之前火爆的日剧《四重奏》里，卷真纪的丈夫卷干生和同事正在餐馆吃晚餐，提起对妻子的感情时，他说了这样一句话："我还爱她，但是不喜欢她了。"

卷真纪不小心听到了这句话，与此同时，她还得知了另一个真相：丈夫很讨厌炸鸡搭配柠檬汁一起吃。可她不明白，明明自己做的炸鸡挤了柠檬汁以后，丈夫每次都吃得欢天喜地啊。

后来，她的丈夫离家出走了。有些事也许早有预兆，只是还未发生时，我们因为害怕面对常常选择了逃避真相。我们以为闭上眼，危机就不存在。

干生曾对真纪说："新开了咖啡馆，我们一起散步过去吧。"真纪回答："啊，今天有点儿冷，家里有速溶咖啡，我还是回家给你泡一杯吧。"干生先是失望，继而陷入慌乱中："那我去书店看看。"独自回到家的真纪一边开心地叠衣服，一边看电视。而丈夫与她分开后兀自走了很远的路，先是买了咖啡，然后在两人曾经一起看风筝的操场坐下来，感叹道："原来她也是个普通人。"

干生想起以前谈恋爱的时候，那个时候真纪很特别，甚至有点儿神秘，但这样的真纪早就消失了。而那个曾经"有气质懂音乐"的女人，现在会把自己送的诗集随手扔在一旁，甚至当作锅垫。两人一起看自己最喜欢的影片时，对方甚至能在中途就睡着了。

有一天，他终于鼓足勇气问妻子："你怎么不拉小提琴了？""我决定放弃小提琴了。""做你喜欢做的事情啊。""我现在就在做我喜欢的事情啊。"那个时候，真纪正一边回答，一边把手指伸进肉馅里搅拌，黏糊糊的肉馅在指缝里滚来滚去。干生终于没有继续问下去。他转过身，听到妻子说："我现在很幸福。"干生满脸都写着"然而，我不幸福啊"，可是他没有说。

他没有说，住手！我最讨厌吃有柠檬汁的炸鸡！他没有说，我想要的是有人一起散步聊天，去很远的地方买咖啡的日子。他没有说，我送你的诗集，你怎么可以当成锅垫？他没有说，我想要一个永远的恋人，而不是一个每天只会跟我聊电视里无聊新闻的家庭主妇。直到最后，他说的也不过是一句："我还爱她，但是不喜欢她了。"

电影《一天》里，安妮·海瑟薇饰演的女主角也是哭着对喜欢了很多年的男主说："我爱你，可是我已经不喜欢你了。"

这句话听上去似乎充满深情和不得已，可在我看来，说这种话本身就是一种十分自私与丑恶的行为。对于听到这句话的人，它是一种残忍的告知，说话者甚至没有给对方留一点儿余地。

感情是两个人的事，纵然出现问题，你选择一个人默默承受，好像是"我不说，我忍耐，我坚强，我心大"，其实你已经假定"说了也没用，对方也没办法，对我们的关系不好，还不如我一个人消化"。

醒醒吧，这分明就是你的自以为是。你一个人，凭什么替两个人做决定。再说，视而不见便是最好的选择吗？这种行为不但自私，甚至也称不上理智。

2

《四重奏》里的干生从来不会表达自己的不满，硬生生吃下挤了柠檬汁的炸鸡，满心失望却欢喜地对妻子说："这是世界上最好吃的东西。"那一脸满足，是妻子真纪最大的幸福。可惜，这一切都是假的。可他为什么不说呢？归根结底是因他不敢面对自己。自己当初一心想找一个"懂乐器又有气质的完美恋人"，一旦发现没找对，就马上陷入慌乱。"我找了一个不适合我的爱人""我看走眼了""我要尽力忍耐""不行了，没办法了，我受不了了"。到这时候，还在说"我"，丝毫没有意识到对方也有知情权，简直自大又懦弱。

妻子真纪也一样，明明意识到跟丈夫的关系出现了问题，却拼命地东拉西扯电视中的各种趣闻来活跃气氛，最终也只是"帮助"丈夫认定了一个事实："她真是无趣的女人啊，说来说去都是电视里的东西。"

两个人都在按照自己的幻想推进这段关系，殊不知早已南辕北辙，甚至谁都没有问过一句："这不是我想要的，你呢？是不是也有点儿失望？”在一段充满危机的关系中，最可怕的其实是双方都三缄其口。

3
—•—

每个人都有不同的际遇与生存方式，不符合彼此的想象也在所难免。

一同外出时，丈夫总是匆匆走在前面，妻子常常因为跟不上而远远地落在后面。妻子看着丈夫的背影，心想：这个男人好没风度，跟他在一起真没意思。但她不说，只是把失望憋在心里，心想“这么点小事儿，不至于小题大做”，或者“我大度点儿，忍忍也就过去了”。可事实是，后面还会遇到这样的事情，而她会不断给丈夫贴上“没情趣，太冷淡”的标签，终有一天会迎来更大的爆发。

以前有一个同事，因为性格温和，刚入职时大家都很喜欢她。但渐渐地，总觉得哪里不对劲儿。一次做一个大项目，分解任务到她时，她闷闷地说了一句“哦”。急性子的同事忍不住追问：“行还是不行？”她勉强又说了一句：“行吧。”

搭档觉得有点儿反常，但也没多想，以为大家都是职场中人，既然应允了下来，应该会各自努力，对结果负责，而且每天都坐在同一个办公室里，如果遇到什么状况也肯定能及时沟通。

当时人少事多，大家也就各忙各的了。一周之后，大家阶段性碰头，这才发现她工作倒是都做了，但完全不符合要求。“我又不是没做，前几天还熬了通宵。"她很委屈。比她更崩溃的是那个搭档。"到这时候了，我们哪里来得及掉头！"她一脸迷茫："那怎么办，我又没经验，我也不知道该怎么办啊！"她的搭档忽然意识到自己先前那种反常感是什么了。她从来不会跟大家反馈，你因为担心而主动询问时，只会换来她一句"我觉得还好啊"。再多说几句，又不免回复你："那就改呗，我也不太清楚。"

她的态度总是很好。可是我们都知道有哪里不对。正像另一个同事所说的那样："我们是同事，每天早上从这个城市的四面八方赶到这里，选择走上同一条路。如果她能相信我们多一点，就可以把她的顾虑和困扰说出来，那些东西本来就应该是我们整个团队一起扛的，她要相信我们可以接得住。"

4

有时候，勇敢地说出"我不喜欢""我不行了""这一切不是我想要的"，本身就是一种解决方法。

我有一个叫灵感小姐的朋友，她跟老公从大学就相恋了，像所有夫妻一样，他们在生活中常有争执，有时候对我吐槽"他从来不看育儿书，跟我一点儿不同步""我好烦他出差一两周，回来就指手画脚""这人生活习惯不健康，单身的时候也就罢了，现在有了孩子，谁还能跟他一起赖床到10点啊"。但抱怨归抱怨，每次吐槽结束时，她还是会灵感乍现一般信誓旦旦地说道："不行，我要去跟他谈谈。"

她的老公有时候会辩解，他们会争吵，然后又和好。一天天就这么过去了。最近他们又生了一个孩子，一双儿女，凑成了一个"好"字。就连她的微信头像，现在也变成了一家四口的照片。

你我皆凡人，既然那么在乎彼此，承认自己的小心眼又何妨。如果真的相爱，他捏捏你的脸，叫声"小气鬼"；又或者马景涛上身，大喊大叫为自己辩解，其实都有利于一段关系的维持。说来两个人吵吵闹闹，那都是因为心里装着彼此。

"我们最近总是争吵，我很难过。我不知道我能做些什么。"

"我觉得你不太满意我管教孩子的方法，可是我一直觉得自己已经很努力了，问题出在哪儿呢？"

"我很不喜欢你总是一个人闷头走在前面，我想要两个人手拉手一起走，无论如何，距离都不能超过一米。"

要相信，这是我们的事，不只是我的，也是你的。这不是指责，而是求助。

"我想要改变这一切，但是一张嘴我们就吵架。"是啊，因为我们常常说着说着，就变成了指责和控诉。

"我说了他也不会改。"但我们说出来的目的，不是为了别人"改"，而是在一段关系里尽到自己的本分，关键是表达和提醒。

真正成熟的关系是我们既然决定同行，就要一起为我们的关系负责。而负责就要从勇敢地说出你对另一半的不满开始。

（作者：崔璀）

婚姻稳固的终极秘密：把日子过成异地恋

1
—•—

某个周四的傍晚，正工作得热火朝天的我，收到了先生的一条超长微信。难得的文字版，大意是说：本周五，老家兄弟们有个重要的聚会，非常想去，机不可失、时不再来。虽然这样你就得一个人带一晚孩子，但还是希望你支持我，当然如果不支持的话也没关系。总之，你决定。

语气可以说是相当温良恭俭让了，我的内心浮起一丝窃喜。当然，作为一个成熟的人，我还是非常镇定和平静地回了句："好的。"

这一下让对方顿时惊慌失措。预想中的埋怨、不满乃至拒绝，竟然一个都没有来，只得到了一声轻轻的"好的"。他肯定觉得这不科学！果然，先生惊讶地询问我为何如此轻易地就同意了。

我依旧非常镇定和平静地回了句："你不在家，我挺自在的。"顺便附上一个善意的微笑。更何况，呵呵，一个人带娃算什么。又不是第一次。就这样，在婚姻越走越久的时候，我相当熟练地掌握了"放手"的技巧。毕竟，放了对方也是放了自己。事实上，我早就学会了享受他不在家的日子。

第一，先生不在家时，房间的灯可以随便开。平常可不行，人家会跟在后面关灯。你前脚刚离开客厅，虽然10分钟后你很有可能折返回去拿个杯子，但先生后脚就把灯关了，还美其名曰：节约用电，好像反复折磨开关就很节能一样。

第二，先生不在家时，想几点睡就几点睡。平常可不行，人家会跟在后面不停地念叨："你这样睡太晚了，既不健康还影响我休息。"好的，我知道了，大概他的后半句才是重点。

第三，先生不在家时，连带娃都可以任性一点儿。没有人责问你"这么晚了，孩子怎么还没睡""孩子怎么流鼻涕了""你们怎么在外面玩这么久还没回来"……每当这时，我心里总是忍不住想：我生的，想怎么带就怎么带。可若他不在家，我们甚至可以晚上10点还在床上一边吃零食一边看动画片。

总之，他不在的日子，我简直体会到了一个成功女性可以拥有的最大的幸福：有老公、有孩子，而且竟然还有自由。唯一的问题是：咦，先生怎么这么早就回来了呢？果然，幸福的时光总是短暂的。

2
—•—

当然，我更加羡慕闺密M那种既没有孩子，而且老公也在异地工作，大概一个月才能回来一次的婚姻。

"你们如果天天在一起，很多事情根本忍不了啊，但如果一个月只见一两天的话，你就会想，算了算了，忍一下。"事实上，作为成年人，我们很多时候早就明白了面对现实时的无力，所以唯一能做的就是尽量减少忍耐的时间。M说，他们结婚已经七年，但自从去年老公被派去异地工作，两个人的感情好像变得更好了！

那些"伪单身"的日子，M忙着加班、健身、社交，生活质量直线上升。我每次见她，她好像都比上一次见面更瘦了，而且精神也越来越好。据说她最近还轻轻松松地穿上了一条六年前最瘦时买的裙子。

"以前生活在一起，晚上总归要商量一下去哪里吃饭，你不吃，对方也会吃，于是两个人就一起长成了福娃。现在我一个人生活，既能靠意志力坚持不吃晚饭，也能只吃一点儿健康养生的沙拉。"婚姻生活简直称得上减肥的天敌！谁说只有爱情才能滋养一个女人呢？最好的护肤品明明就是自由。

记得刘若英在她之前一本书里说过，她和先生一回到家，就会非常默契地走进各自的房间，互不干扰。这就叫"我敢在你怀里孤独"。家里的"异地恋"，可以说非常浪漫了。

我一个正在创业的朋友鹿小姐说，每次回家前，她也会在楼下的车里静一静，或者回复一下微信，或者只是自己待一会儿。（各位尊敬的男性朋友，别以为只有你们才需要在车里静一静。）

而回到家之后，她的"桃花源"是洗手间，而她老公的战场则是阳台的游戏室。虽然只是近在咫尺的"异地"，但至少两个人都能自由呼吸了。

躲进"桃花源",从用卸妆膏按摩开始,再用洁面仪洗脸,鹿小姐感受到一种"终于可以好好对待自己"的奢华。毕竟在平常,她往往只用三合一洗面奶洗把脸,然后就一头扎进了热火朝天的家庭生活中。这还没完,洗好脸,还要涂点儿贵妇精华,配上按摩仪加强吸收,然后眼看着镜子里的那张脸啊,法令纹也浅了,下颌骨也提升了,瞬间就有了一种"简直可以马上开始一段姐弟恋"的错觉。这些步骤加起来,至少30分钟,也可能长达1小时。最后,再来个可以持续12小时发挥威力的睡眠面膜,毕竟明天还要见客户呢。

只有在这时,她才能名正言顺地逃避家庭生活,而没有那个在身边时不时渴求关爱的老公,她的幸福指数更是提高了一大截。

"我哪有多余的爱分给老公啊。我的爱都给了投资人,财报就是我爱他们最好的证明。"鹿小姐一边在电脑上飞速地回复工作群里的消息,一边对我说。

3

异地恋的夫妻,不会给对方过多关注。M从来不主动打电话问老公某个周末是否回家,也从来不在电话里问对方正在做什么。她的理由是:"不要试探,万一你一试探,他以为你想他,立马回来了呢?"可以说是深思熟虑了。对M来说,老公不在家的上海,是她最喜欢的城市。她说:"爱情经不起考验,但婚姻可以。敢于异地恋的婚姻,才最稳定。"

鹿小姐无意之中保持的习惯，是每个月都会有一周时间出差在外。工作虽累，但睡前可以相当放松地喝一杯。不用面对任何人，只要和自己好好地待在一起就好。"希望和爱人亲昵地依偎在家里的沙发上这种事，你不说，我都忘记自己曾经还有这种不懂事的心愿了。"

欢迎你来到大人的世界。不要过于担忧彼此的信任。并不是两个人天天在一起就能严防出轨。更何况，用 M 的话来说："我目前对工作的关注度，已经超过了婚姻。不要和我说什么孤独寂寞冷。对上有老下有小、生活一地鸡毛的中年人来说，孤独寂寞冷简直就是生活的奢侈品。"

许多中年人已经丧失了对生活的感受力，他们现在更擅长向内思考和解决问题。不过你也知道，遇到问题，你只能自己解决。一遇到事儿就朝老公撒娇，期待着对方来一句"辞职吧，我养你"吗？你现在早就没有这种痴心妄想了。毕竟你的内心比谁都清楚：最后你只能靠自己。后来我才明白，"两情若是久长时，又岂在朝朝暮暮"说的根本不是热恋的情侣，而是中年的老夫妻啊！情浓时，当然要朝朝暮暮。爱久了，才想要分分合合。张弛有度的恋爱关系，其实才最适合大人。

也不要以为我们的婚姻即将破裂。代表某种生产关系的婚姻的小船，哪有那么容易说翻就翻。大多数中年的老夫妻，即使心灵再枯竭，行为举止也还是稳妥与知性的。也可以看韩剧，但已不必要陷进去。

困在北京五环内的价值观里，所有的时间和精力都得用来未雨绸缪。学区房买了吗？孩子的钢琴老师找好了吗？幼升小辅导题做了吗？手下员工一月一次的"心灵大保健"搞定了吗？职场的中短期目标和中长期目标定好了吗？投资人的投资意向书签好了吗？股份和估值谈好了吗？你大舅他二姨的闺女，外孙的满月红包包好了吗？健身教练的微信回了吗？包月鲜花的套餐续了吗？

拿出你的 to-do-list 小本本，将所有待办事项一项项列出来，然后再划掉。你会发现，婚姻感情什么的根本就不在这个本子上。

我知道，你大概会想问，既然如此，干吗要结婚呢？M会说，家中有坚守传统价值观的长辈在，如果不结婚，一天天可能会被烦死，哪有现在这么轻松？

话说回来，如果两个人真心爱过，那么不结一次，怎么知道婚姻到底是什么样？就像人一生中总有一种关系，即使前面是万丈深渊，你也愿意为之赴汤蹈火。但是不要紧，一脚踏进去之后，你总会找到你的道路和节奏。就像我们这些老夫妻，摸爬滚打后忽然发现：异地恋才是婚姻稳固的终极秘密。而发生在家里的异地恋，也是这么多年来婚姻最打动我的地方。

（作者：蕾蕾菜）

"不想伺候"，也无可厚非

————

1

————•————

女人在生产后的身体变化可能导致其无法满足另一半的生理需求，而与此同时，老公的生理需求却会一如往常。性生活是两个人的事，可怎么产后性冷淡变成了妈妈们"不能说的痛"？

女性一旦怀孕，就意味着一个特殊阶段开始了。特别是在生完孩子后的半年内，很多妈妈都对自己身体和心理上的变化难以适应。针对这个问题，我曾经随机采访过几个妈妈，每个妈妈都是先大大地叹一口气，然后说道："我一直以为是自己的问题，以为生完孩子自己变得性冷淡了，特别慌张，完全不知道该怎么办。"面对妈妈们无奈的叹息，我只想说：产后性冷淡，真的不是妈妈的问题。

事实上，产后性冷淡是女性生育后常见的病症之一，漫长的孕期、生产时的剧痛，以及产后黄体酮和雌激素的急剧下降，都直接从生理上影响了女性对性的需求和体验。而且，产后性冷淡非常普遍，只是我们一般都不会注意到，或者选择了"熬过"这段时间。

据《英国妇产科杂志》（*BJOG*）的调查显示，在产后八周内，有

53%的产妇都出现过性欲低下的问题。即使伤口已经完全愈合，一年后仍有49%的人性欲无法恢复到妊娠前的正常水平。但明知道是合情合理的变化，很多新妈妈却没有办法接受自己"性冷淡"这个事实。更糟糕的是，她们认为，面对老公的要求，她们不能说"不"。这让我又心酸又难过，甚至有点儿生气。

为什么不说？有些妈妈会觉得害怕：我不配合老公，他可能会出轨。有些妈妈会认为，这不是婚姻里的义务吗？我应该满足老公。有些妈妈想说，但不好意思直接拒绝：毕竟孕期那么长，老公也很温柔，忍忍就过去了。

可是，性是爱的一种啊，它存在的理由之一，就是两个人都享受其中。妈妈如果出于身体原因不想，那就应该勇敢地拒绝！

2
—•—

话虽如此，但我也非常理解其中的"难"。有些妈妈因为"羞于启齿"，所以选择了不说。尽管当老公提出需求的时候，新手妈妈非常生气——"怎么都不体谅一下？生孩子已经这么痛苦了，生理需求不能忍一忍？果然男人都一样！"但不说，老公可能真的不知道。因为男人根本就不能体会生孩子对身体是一种怎样的破坏。

我的朋友S说："生孩子那阵子，我觉得自己就像是一头任人宰割的动物，整个生产过程毫无尊严。我甚至觉得只有我的灵魂还属于我，而身体不只不是我的，我还开始讨厌它了。"还有些妈妈说：

"从孕期开始就没有了（性生活），生完孩子后更不敢了，好像有了阴影。"遇到这种情况，最好的办法其实是让老公知道这种"不敢"，说不定"阴影"会在你说出口后烟消云散。

宝妈TONG就说："我是剖腹产的，宝宝两个月的时候，老公天天跟饿狼一样，但是我一点儿都不想，他一碰我，我就骂他神经病，天天带孩子已经够累了，我真的很害怕这件事。"不想多正常啊，不想就拒绝，因为"不要"是TONG的权利。不过，"骂"这种方式不一定好，但至少让老公知道了自己的害怕，总比不说好。

顺产的宝妈WD在聊起这件事时，甚至担心自己的身体再也不能恢复："老公强烈要求，我不答应，害怕。下面有时候有气出来，还有声音，感觉下半辈子毁了。"有了孩子以后，妈妈的下半辈子当然会不一样，但一定不会因为身体变化就被毁掉。也许可以试试跟老公表达这种害怕，不管是对身体里变化的害怕，还是对无法满足老公需求让他不高兴的害怕。因为这不是谁的错，这是妈妈内心最真实的想法。

身体是最诚实的，身体怎么告诉你，你也可以怎么告诉你的老公。或者你也可以尝试着跟他解释一下，你自己根本都不知道从哪儿来的产后身体变化，真的很难在一时之间得到缓解。

美国脱口秀演员黄阿丽因为敢讲而被大家热捧。在脱口秀节目中，她大谈当妈妈后的身体变化，最令人印象深刻的是，她说产后才发现，我不光要生出一个孩子，我还需要生出这个孩子的"房子"、几个月来的"垃圾"……太形象了！可想而知一个妈妈这时的身体器官有多糟糕。

对没有生过孩子的人来说，这个形容听起来很惊悚，但对生过孩子的妈妈而言，这就是真实的日常。试想在这样的身体条件下，怎么可能满足老公的生理需求？

性生活是婚姻生活的一部分，这本来是一件令人开心的事情，但在生完孩子的几个月甚至一年时间里，这成了妈妈们心中一件担惊受怕的事，这件事也让她们承受着身体和心理的双重压力。

但妈妈们完全可以理直气壮地说出自己的感受。

3

天真的少女会说："如果觉得这么痛苦，那就不要啊，直接拒绝。"拒绝可以吗？当然可以！但有时候拒绝也很难。大部分妈妈会担心，如果自己冷淡了，老公是不是就可能出轨？孕期出轨的事还少吗？产后不也是一个道理？

我问新手妈妈DD："你跟老公表达过你的想法吗？"她说："当然有啊，但他也明确说了，这是生理需求，他也有需要。"

DD算是妈妈中非常坦诚的一位，他们的夫妻感情也很好，她虽然这么说，但她没有拒绝，而是选择了配合老公。不过因为跟老公表达了自己的痛苦，他们达成了共识，降低了频率。

妈妈们内心的感受只有自己知道，但她们的感受值得被尊重。很少人会把这些婚姻乃至身体上的隐私拿出来说，哪怕是闺密之间也极少谈到这样的感受，大家都认为"没什么好说的，这应该是我的问题"。

可是只有妈妈自己知道她们的身体发生了什么变化，有多难受、多不喜欢。很多妈妈产后抑郁，既有身体变化带来的不适，也有因为无法表达、不被理解而带来的压力。

4
—•—

在婚姻生活中，性本来是件非常美好的事情，所谓男欢女爱，就是因为它能带来幸福的体验。可要是性纯粹变成了"伺候"，那就完全失去了它原本的作用。

面对性生活，不管是不是产后，从来没有"义务"一说，这是两个人共同的决定，喜欢可以接受，不喜欢就要拒绝，它的产生只能因为两个人的享受，而不能单纯为了某一方需求的满足。身体是最诚实的，你应该理直气壮地说出身体的感受。

（作者：菜泡饭）

谈"丧偶式育儿"前，要先谈夫妻义务

1

2019年"两会"期间，有人大代表建议强制男性分担育儿义务，夫妻合休带薪产假。消息一出，引发无数网友热议。我也觉得这个建议很靠谱，必须无条件支持！果然，相关新闻在微博上得到了上万条点赞和转发。

然而，我仔细一看，又发现一个事实：点赞的多是女性，那些没有表态的男性都去哪里了？如果这项建议得以施行，男性就可以多休42天以上的带薪产假，为什么他们没有积极响应呢？带着这些好奇，我采访了一批男性：

@阿晖 程序员

我老婆刚生完孩子那段时间，公司里有个项目挺忙的，每天都忙到十一二点回家，感觉还……挺庆幸的，为什么这么说呢？因为觉得加班比带孩子容易多了，不得不说，这方面我还真挺佩服我老婆的。每天面对孩子，都没怎么崩溃，也就揪着我骂骂。说实话，我现在都还没怎么适应过来，看着那个小不点儿，还觉得像是我弟弟似的……

@大沛 大学老师

可以啊，多个假多好。不过我倒是听说过那种爸爸，他读博，其间要学德语，不过学校里平时有免费的课他不上，非要去报外面周末的课。说要学习，其实是不想回去管孩子。

@一夫者茅 硕士在读

你们女的是高兴了。我老婆也说什么我们男的真舒服，搞不定孩子，懒得带孩子，往工作里一躲，然后摊摊手说"我不会带啊，我不会抱啊，我不会换尿不湿啊"，就正大光明地闪人了——女的就不能找借口。

但其实你们女的还不是一样，工作受挫了，或者懒得上班，你可以两手一摊——"老公，我不想上班了，你养我"，然后就正大光明地吃软饭了。我们男的也不能找借口啊。

你让我们也休产假，那结果很可能就是两个人双双失业，到时候收入怎么办？各自承担各自的职责呗。

2
— • —

我此前一直以为大家已经普遍意识到"丧偶式育儿"的严重性

了。结果一聊，我震惊了。原来还有很多男性从骨子里认为，就该由妈妈负责育儿，爸爸不需要或者说根本不必要去做这些事。

事实上，不只是丈夫，其他很多家庭成员也这么想。我认识的一个妈妈说，她有一次回娘家，让老公单独带了一天娃。第二天包括她妈在内的所有人都把她老公夸上了天，说她有福气。可她平时没日没夜地带孩子，所有人都视为理所当然。

"凭什么？！男性在体力上比女性更有优势，难道不应该多承担一些家务？怀孕的辛苦与生产的痛苦他无法帮我承担，难道其他方面不该多承担一些吗？"提及这一问题，知乎上有个妈妈是这么说的。她在婚后一直被催生，家人为了逼她生孩子可谓无所不用其极。最后实在没办法，她只能跟家人约法三章：我同意生孩子，但是必须在不影响我生活质量的前提下进行。

怀孕期间，老公包揽下所有家务。生育以后用奶粉喂养，老公全部负责，还有爸妈和公婆在一旁照料。产后她既不照顾孩子，也不做家务，除了休息健身，其他时间就是刷剧和打游戏。家人指责她不负责时，她就一顿怒斥："你们想要孩子，又不想负责，我怀孕十个月，生产的时候疼得要死，事业身材都受到影响，还要每天擦屎、擦尿、煮饭、擦地，就为了让你们有个孩子逗着玩？！"

这位妈妈的回答让我看得格外解气！好几万女性转发附议，被"育儿义务"绑架太久的我们，大概都希望自己也能有这样的霸气！

话说回来，也正是因为这次采访，我对"丧偶式育儿"有了新的认识。一方面，这确实是个很严峻的问题。但另一方面，"丧偶式育儿"或许不全是因我们刻板印象里男性对育儿责任的故意逃避。

事实上，很大一部分爸爸不是不愿意分担育儿义务，而是不知道怎么分担。采访里有几个男性就表示，他们想帮忙，但是不知道该干吗，有时候在旁边连手都不知道往哪儿放……他们也会陷入焦虑和害怕。

据《产后抑郁蓝皮书》显示，47%的新爸爸会陷入产后抑郁情绪，12%的新爸爸认为自己可能经历过产后抑郁，2%的新爸爸则被确诊为抑郁症。所以很多时候，妈妈都还没抑郁呢，老公可能就偷偷抑郁了……之所以说偷偷，是因为相对女性，男性往往更擅长隐藏自己的情绪问题，然后就表现得很不负责：惰怠、冷漠、对孩子缺乏兴趣。不是为男性开脱，而是"老公"这种生物啊，看起来似乎还是对育儿一无所知！

我把那条"建议夫妻合休产假"微博的评论看了一遍，结果发现一个有趣的现象——很多女性支持这个提议，不是相信它能改善"丧偶式育儿"的现象，而是认为可以减少女性遭遇的职场歧视。看起来，很多妈妈已经放弃了对老公的"治疗"，她们现在显然更担心自己的工作。

孙俪以前在微博晒过一张经纪人的照片：这位经纪人凌晨分娩，早上九点就回到了工作岗位……人们不禁惊讶：现在的职场妈妈们都这么敬业吗？这种拼命程度真的让人心生敬意。可是在赞叹的同时，也有很多妈妈表示同情："也是没办法吧，虽然规定女性可以休产假，但有几个人不担心自己重回江湖，不能得到好的职场机会啊！我当时反正是迫不及待就去复工了。"

根据智联招聘2017年的《职场妈妈生存状况调查报告》，女性在育期间会担心各种职场变化。而在二孩放开后，更是有22%的女性表示在就业时面临严重的性别歧视，这部分女性集中在25岁至34岁。因为处于生理学上的女性最佳生育期，她们被打上了"休产假会耽误工作，带娃会分散精力"的隐性标签。

比较而言，男性没有那么长的产假，因此会有更多的就业机会。想逃避了，还可以躲到公司，埋进工作里。但女性没的选，她们既要独自在家，直面超负荷的"育儿义务"，还要为"职场性别歧视"忧虑。

3

比起把老公拉去医院感受"分娩阵痛"，听他感叹"母爱真伟大"，不如夫妻同休产假，分担育儿义务。因为刹那间的感同身受，远不如两个人长期的互相扶持。这不是帮忙，而是一种合作。

就像一个丈夫在视频《我从不帮我太太》里的自述，他做家务，却从来得不到妻子的一句感谢，他对此解释说：

我不会帮我太太打扫家里，因为我也住这里，我本来就需要清理；

我不会帮我太太煮饭，因为我想吃东西，我也应该动手煮；

我不会帮我太太洗碗，因为我也用了那些碗盘；

我不会帮我太太照顾孩子，因为他们也是我的孩子，我的职责本来就是一个父亲；

......

丈夫本来就该分担育儿义务，因为这不是妻子一个人的孩子。而且谁说育儿就是一种负担呢？男性也参与家庭育儿时，会更好地适应自己的身份，做一个更有真实感的爸爸。

比如在这次采访中，就有一个名叫"百鬼白夜行"的媒体人热切地期盼着这个建议能早日落实，他是这么说的：

如果有足够多的存款，我觉得做全职奶爸也不错。有些时候也是没办法，比如说加班加到晚上12点，回来孩子都睡了，第二天孩子没醒又得上班去了，等于一天没见，惆怅，只能周末的时候陪陪孩子。别说了，我真想现在就下班回去看女儿！

愿所有爱着的伴侣，都是彼此更信任的战友。

（作者：微微）

婆媳关系这个难题，解法只有一种

1

大家发现没，每次"婆媳关系"上热搜，都特别让人生气。先前"奥运冠军何雯娜孕期被婆婆逼着吃肉"一事，就连续几天上了微博热搜。

餐桌上，何雯娜勉强吃了一口肉，因为孕反严重，实在吃不下了，就说："妈，我最近吃不了肉。"婆婆坐在旁边看着媳妇，劝她："吃两口，快。"看到这里，大家其实还能理解，毕竟长辈也是好心，希望晚辈多吃点，为此多说了几句，也能理解。但越往下看，越觉得，这哪里是劝，分明是"逼"着媳妇吃肉嘛。何雯娜说："妈，求求你了。"婆婆却不为所动，甚至说："没有商量，赶紧把这吃了。"

到后面，婆婆甚至直接说："这段时间孩子嗖嗖地长，不是你，现在是孩子需要营养，不爱吃也得强吃。"媳妇一退再退，婆婆步步紧逼，直到何雯娜因为孕反不得不跑到卫生间狂吐，"吃肉"这事才算完。

观众看了气得发抖，替奥运冠军委屈：还吃啥，是我就掀桌子走人了！有的网友直接跑到何雯娜老公微博底下留言，劝他让自己妈对儿媳妇好点。

这不是第一次出现公众人物因为"婆媳关系"上热搜的情况了，上一个被婆婆逼着吃肉的公众人物是明星大S。

大S婚前一直吃素，婚后因为一直没有怀孕，婆婆就希望她多吃点肉。有一次，她和汪小菲参加家族聚会，婆婆就端了一碗鸡汤，略显不高兴地说："你那么瘦是生不出小孩来的，你一定要吃肉。听妈的话，吃肉才能生小孩。"

周围一堆亲戚也跟着劝，众目睽睽之下，大S左右为难，最后为了生小孩，还是喝了鸡汤，也吃了很多肉，然后回到家又全吐了出来。

何雯娜是世界冠军，大S是知名女星，她们在事业上都很有成就。原以为这样有自己事业且独立的女性在家庭中会有更多话语权，家庭关系也会更平等，但事实并非如此，"婆婆管着，媳妇听着"的传统"婆媳关系"仍然很普遍。而"世界冠军被婆婆逼着吃肉"这件事能持续数日出现在热搜榜上，引发全民讨论，原因也不外乎是戳到了大家"婆媳关系"的痛点！

不管你是事业型女性，还是全职妈妈，"婆媳关系"都是永恒的难题。但面对"婆媳困境"，真的就无解了吗？

2

何雯娜的"婆媳困境"最终以"老公介入，婆婆道歉，最后还是一家人"的大团圆结束。但现实生活中，我们不一定有能和谐处理"婆媳关系"的老公，以及注定是圆满结局的真人秀剧本。大部分家庭可能是婆婆"太爱管"，而老公总想着"和稀泥"，两边都不想得罪，最后当起了甩手掌柜。家里什么事都是媳妇和婆婆的事，搞得像是媳妇和婆婆过日子，怪不得有人感叹：多少中国女人，最后都嫁给了婆婆。

我的朋友木木家里就是这么个情况。从一开始不知不觉陷入"婆媳困境"，处处想着"忍一忍就好了"的"贤惠媳妇"，到后面忍无可忍大爆发，和婆婆大吵一架的"泼妇"，她经历了漫长的三年。

木木怀孕以后，老公因为工作太忙，就把公婆从老家接了过来，想着一家人好互相照应。结果到了产后坐月子，需要和婆婆朝夕相处，各种矛盾就开始冒了出来。比如月子期间喝补汤这件事。对婆婆来说，坐月子就是要喝各种补汤才好下奶。但木木口味清淡，每天鸡汤、鱼汤、甜汤轮着上，她哪里喝得下。和老公说吧，没用，老公只会说忍忍吧，月子过去就好了。就这样，"忍忍吧"成了后面木木应对婆媳间各种矛盾的主要方式：老人也不是坏，总不能真跟他们吵吧。

但她最受不了的还是婆婆太爱念叨了。木木喂奶的时候，她要念叨；换尿布的时候，她要念叨；婆婆自己抱着娃在房间里走来走去时，嘴里的碎碎念也根本停不下来。木木是个特别爱清静的人，有一次因为带娃太累，想安静地在床上躺一会儿，于是对婆婆说了句："妈，你不要说了。"其实木木并不是抱怨婆婆，但老人家听到这句话,一下子就火了。饭也不做,话也不说,在床上躺了两天,第三天就直接回老家了。这下可好,婆媳战火蔓延到夫妻之间,老公跟木木大吵了一架:"你把我妈气走了,怎么办?"后来木木做了妥协,道了歉,婆婆才从老家回来。这之后,木木就更能忍了,不愿多说婆婆一句,但心里的不舒服多了,慢慢就变成了委屈,越积越多。

和老公拌几句嘴,婆婆会来劝她多体贴下老公,毕竟他上班太累了;周末多睡了会儿觉,就会来敲房门,让她起来一起干家务;孩子已经三岁,该自己吃饭了,婆婆却总在后面跟着喂……明明是自己家,木木却觉得自己处处说不上话,忍到最后,终于迎来了爆发。

那次她和婆婆一起坐在客厅聊天,说到新家的事。婆婆就说能买新房子,大家都享上福,全是靠儿子赚的钱。木木一听就有点接受不了,明明自己也出了钱,首付是一起凑的,贷款是一起还的,怎么就全是老公的功劳,于是就回了一句:"我也出钱了。"婆婆马上说:"你工资才多少,我儿子是你的好几倍吧。"木木听闻一下子就炸了,平日所受的委屈全部涌了上来。老公是赚得多,那是因为他只要赚钱就行了,"丧偶式育儿"有多严重?孩子都三岁了,他连一次尿布都没换过,一次奶都没喂过!而木木因为怀孕生孩子,职业断层,后面带娃也是她,赚得当然没有老公多,但也不少啊。

那天婆媳吵架,木木完全变成了一个"泼妇",经年累月积攒的委屈一股脑儿地全抛了出来。

婆婆骂她"不是东西、赚得少、靠老公……"让儿子离婚再找一个时，木木直接回击："这是我家，你出去。"和婆婆对骂这种事，木木之前连想都不敢想，但这次吵完架，她感到全身舒畅。她突然意识到，之前每一次的妥协和忍让，不仅不会让她们的关系更好，反而是自己在用行动告诉婆婆："我接受你这样对我。"于是，越忍让，婆婆就越冒犯。

木木在和我分享自己这段经历的时候，我想到了一个词——"边界力"。简单来说，边界力就是区分自己和外在界限的能力，有边界力的人分得清"我的事"和"你的事"。别人来管"自己的事"，就是越界，就是"侵占"边界。而我觉得，真正把"保护自己的边界"做得很好的是王菲。

曾经有记者问王菲的私生活，她直接顶回去："跟你有关系吗？"可以说，她就是在用自己的边界力保护自己的领地不被"侵占"。

"婆媳困境"背后最大的痛点其实就是"边界被侵占"。每个人都有自己的边界，木木也有，比如她希望不想吃的肉能不吃，自己的房间可以安静一点，夫妻间的事可以夫妻协商解决，别人不要插手，孩子养育的事自己能做主……但她一次又一次通过"忍一忍"允许了婆婆来"侵占"她的边界。

我想说的是，比起处处忍让，倒不如在一开始被"侵占"边界的时候就痛痛快快地吵上一架。因为在"婆媳关系"里，你做的每一次忍让、背后积累的委屈，最后要么变成一个巨大的巴掌扇回来，引发更大的冲突；要么由你慢慢自我消化，眼睁睁地看着边界被"侵占"，直到在这个家里彻底迷失自我。不管是哪种结局，对家庭而言都不是什么好事。

3

当然，吵架只是一种方式，我们想要的是清楚地展示自己的边界，以及告诉婆婆不要来"侵占"我们的边界。但我也想替一些婆婆说句话，不是每个婆婆都故意想要"侵占"边界。有个很基础的认知或许一直被我们忽略，那就是我们和婆婆对边界的认知其实存在差异。

我第一次意识到这个问题是在我弟媳和我妈的"婆媳问题"中。我弟媳怀孕三个月时，胃口特别不好，体重不升反降。我妈也和何雯娜的婆婆一样，给我弟媳做一日三餐，大鱼大肉好生伺候。可我弟媳就是吃不下，勉强吃了一段时间，就再也不肯吃了。我弟媳觉得自己不想吃却总是被逼着吃，被冒犯了。我妈则觉得自己辛辛苦苦为儿媳做好吃的，还不被领情，也挺委屈。两人为此都不愉快。

但和她俩聊完后我发现，她们其实并不知道对方的边界在哪里，也从来没有沟通过。我弟媳想的是，尽管怀孕了，但自己能好好照顾自己，虽然吃得少，但通过补充各种营养素，孩子也很健康；而我妈想的是，儿媳妇怀孕了，做婆婆的就得好好照顾，胎儿小，那就应该多吃肉，多喝补汤，因为我妈自己怀孕的时候也是这样过来的。没有谁对谁错，只是婆媳双方对边界的认知不一样，由此造成了误解。其实说穿了，媳妇和婆婆原本就是两个互相并不了解的"陌生人"，有一天却因为机缘巧合，不得不生活在一起。认识到这一点，我们就能以更平和的心态去接受婆婆有时候做的那些"侵占"我们边界的事。

看见，然后更加积极地去改变。

（作者：Celine）

第二章

母亲 ≠ 自我牺牲

关于无痛分娩，你需要知道的事

——

1

—•—

我的老板崔璀，在我看来属于高学历的精英女性，怎么也得有国际视野吧？但是她告诉我，她生孩子时都没打无痛。

怀孕期间，崔璀正忙着创立一家新公司，每天开会到晚上八点，怀孕七个月的时候还要赶火车去路演，几乎没有时间了解分娩知识。临到要生时，做了个待产的Excel，打包上要用的东西，就把自己交给医院了。

结果到了真生的时候——痛到想死！这辈子都不想再来一次。"我老公和我妈的手全被我掐破了，还没生完……"她说她后来一直怀疑自己的产后抑郁也跟分娩过痛有关（有数据表明，无痛分娩的确可以降低产后抑郁的发病率）。"无知，就是无知啊！我一直认为生孩子就是会很痛啊！当时觉得生孩子不就是顺产和剖腹产吗？就这么两条路而已。"我问她："那医生没跟你说吗？其他人也没提起过？""没有。好像是有人提到过那么一小句，但据说对腰椎以及孩子都可能有影响，也就没放心上，我甚至都不记得说这话的那个人是谁了。"

崔璀生小核桃是八年前，我以为她当时没打无痛是因为当时无痛分娩还不太主流，但崔璀想了会儿说："我觉得主要的原因是我们对生小孩这件事的思维已经固化了，我们觉得这个过程很痛、很辛苦都是理所当然的，这是当妈妈的代价，在这种意识下，可能也把'自己'放到很多东西后面。"

2

尽管现在大家都会对打算要孩子的女性说，你有选择权，可以选择无痛分娩，自己的身体自己做主，但我心里总会想，真的吗？我们是承担了生育的责任，但我们真的有相应的权利吗？

如果有，那为什么我国真正享受过无痛分娩的人还不到10%？而就在你看这篇文章的时候，全国还有无数女性正被推进产房，经历比痛经还疼一万倍的自然顺产！除了无痛分娩推广不够这个客观因素外，也许最深层的原因就像崔璀所说，是我们对"当妈妈"这件事的认知被束缚太久了。怀了宝宝的妈妈们，尽管有了盔甲，但也有了最大的软肋，所以只要听说有一丁点儿对孩子不好的地方，她们都会尽力避免。可以说，妈妈每时每刻乃至每根神经都在担心自己的孩子。

还有一个有意思的地方，在很多时候，当我跟很多妈妈聊起生孩子有多痛时，我发现，在那些"吐槽"背后，大家都有一种隐秘的"自豪感"：

我觉得我挺能扛的，一胎的时候痛得眼泪都出来了，就是没像别人那样大喊大叫。

我发现我还挺坚强，去医院的时候就开三指了，可以用（无痛）就是坚持没用。

有了这种经历后我觉得我变勇敢了，连生孩子的鬼门关都过来了，还有什么好怕的？

你是不是也发现了，忍受这种疼痛变成了妈妈们的一种成就。但我却有点儿心疼，生孩子本身就很伟大，这跟她们以什么方式生有什么关系呢？

到底是谁把"生孩子就是很痛""你能忍痛，所以你很伟大"这种观念，深深地根植进了妈妈们的脑海里呢？

3

难道说"让自己舒服"和"对孩子好"两者真的不能共存吗？我的朋友小靖的经历就让我看到了这种可能。

小靖在待产前就预约了无痛分娩，但到了分娩那天，她才知道真正的分娩是这样的："当我躺上担架被推进待产室后，才听到里面全是痛到嗷嗷叫的声音，产妇们就像动物一样一个个被送走，又一个个被接进来，甚至还有的产妇因为羊水破了而瘫坐在地上。当时我很庆幸，心想，还好我事先就确定了打无痛！因为进了待产室，外面的家属根本不知道你在里面会发生什么，也帮不了你。"事实上，光是打无痛前的开指就足以让小靖痛到夜里难以入睡，她只能用头抵着床，才稍微有所缓解。第二天内检，医生说她宫颈都痛肿了。

我正听得一阵揪心，她话锋一转："但打完无痛后，那种激烈的疼痛几乎完全消失了，只剩下一些酸痛的下坠感。我终于睡着了，睡醒后还下地去倒了杯水，出去跟我老公聊了会儿天，当时我就想给发明无痛分娩的人送花！"我问小靖："可是我妈老说是药三分毒，你当时能确信打无痛没有风险吗？"小靖说，当时医院的妇产科主任告诉她：无痛分娩几乎没有什么副作用，反而会降低有些并发症的概率。他们做过对比，使用无痛分娩后新生儿的窒息率、孕妇的大出血率都低于自然分娩。"但主任也说了，他们只负责告诉我信息，供我权衡利弊，最终决定权还是在我手里。"

所以有没有生育决定权的重点，不在于你是否能采用无痛分娩，而在于你"想不想"。

4

小靖的幸运在于她有选择的权利，而不被婆婆、老公甚至亲妈的意见所左右。因为开指很慢，怕痛的她就选择了打无痛。

但是也有那种痛感真轻的体质，只需三五个小时，"刺溜"一下就把孩子生出来了，比如我的同事高高。高高家庭条件好，老公乃至一众家属进入VIP产房全程陪产，把巧克力、红牛，甚至摄像机都准备好了，就为了纪念新生命来临的那一刻。但是产程一开始，她老公在旁边看着比她还紧张！脑子瞬间一片空白，完全忘了打开摄像机！结果摄像机还没开机，高高就已经生好了。她哭笑不得地说："我在这儿拼命生，你倒好，啥也没拍下来！"

高高的生产过程能这么顺利，离不开她有一个好的"陪产团"，不仅家属全部到齐，甚至还请了导乐师。她说导乐师能陪她聊天，指导她坐在瑜伽球上助产，以及帮她背部按摩……被当作生产主体温柔对待，让她的生产就像一场派对。很少有人知道，这种陪产团的鼓舞支持也是无痛分娩的一种，这种方法叫作"精神预防性无痛分娩"。因此，虽然高高没有打无痛，但她同样以另一种方式行使了自己的身体权利。

目前，我国绝大多数待产室和产房都还不允许家属陪产，但我们也可以根据自身的需求决定是否请导乐师。

5

———

每个产妇的情况都不一样，有人可能是半夜去的医院，但当时导乐师已经下班；还有人本来和医院约好了打无痛，但到了分娩时麻醉师却临时要去抢救别人，最后只能顺产……一个名叫豆豆的妈妈说的一句话令我感触颇深。她说："当我得知自己生了一个女儿时，我很失落，因为我想到她以后也难免要经历这种痛。"

虽然现在我国的无痛分娩率还很低，但是由美国西北大学芬堡医学院麻醉科副教授胡灵群发起的"无痛分娩中国行"这一公益活动正在努力推行；国家卫生健康委也在全国开展了无痛分娩试点。

在无痛分娩这件事情上，相信他们比我们更加专业，而我们只希望在这里能给你哪怕一点点启发。不管你是由此知道了分娩的疼痛可以避免，除了自然顺产和剖腹产，还有其他选择，还是你只是希望在生产时减轻相应的疼痛并勇敢地说出这个需求，你都已经有了身体权利意识。

当你作为一名产妇，意识到你拥有"减轻分娩痛苦"这项身体权利的时候，你已经迈出了拿回更多权利、自己为自己的身体做主的第一步。如果有可能，我们支持你看到它，并勇敢地去行使它。如果你错过了机会，请把这件事告诉你的女儿、亲人、闺密以及身边所有你爱的女性。

我们值得拥有更好的生活，也值得被这个世界温柔以待。

（作者：微微）

她们没有见到自己的孩子：
四个"终止妊娠"的故事

━━━━

　　我身边有个朋友，第一次怀孕到六十多天时，被检查出来胚胎发育不良，而且没有胎心，她不得不听从医生的建议，选择了"终止妊娠"。时隔好几年，我以为这件事早就被她淡忘了。直到前几天，我们相约聊天喝茶，不经意间又提到这个话题，她对我说："哪怕我已经有了一个可爱的女儿，我也从没忘记过我的第一个孩子。"

　　她的话让我不禁想起纪录片《生门》里面的一个片段：一个怀孕27周的产妇由于患有妊娠高血压，不得不选择"终止妊娠"。她默默凝视着手上的流产药物，脸上是痛苦万分又无奈绝望的表情。而她的丈夫在一旁默不作声，偷偷地抹着眼泪。

　　对于期盼生子的父母而言，"终止妊娠"是一件无论对个人还是对家庭都特别残酷的事情。下面有几个终止妊娠的故事，它们或心酸，或动人，或令人唏嘘。从这些故事里，你也许能收获一些度过艰难时刻的力量。

一米八几的老公，在引产室门口哭得像个孩子

@宇宙教

我二十七岁的时候意外怀孕。怀孕以后除了有轻微的食欲不振，其他都很好，产检也都一切正常。直到有一天，我连续步行了大约六公里（因为听说徒步有利于顺产），第二天又出去选想买的沙发。整个人那会儿其实就很疲惫了，到了晚上，我突然出现了强烈的宫缩。等到了医院宫口已开，医生直接向我宣判了死刑——"孩子保不住了"。

我永远记得那一天。在我的第一个宝宝二十四周零五天的时候，我永远失去了他，这成了我心中永远不可磨灭的痛。我还记得引产室里的那张医疗椅、空荡荡的病房以及医院里无处不在的压抑气氛。我躺在病床上全身冰凉，心里空荡荡的。引产的过程其实和顺产一样，也要经历剧烈的宫缩，我痛到不行，最后直接崩溃了，对着医生大喊："我坚持不了了，你快一点儿，快一点儿好不好！"

从病房出来，我看到了我老公，这个身高一米八几的东北汉子哭了，他用双手捂住了眼睛，但还是有泪水不停地从眼角流出来。后来我走到他旁边坐下，闭着眼睛假装睡着，但还是能听见他在旁边流泪。我从来不知道我老公那么能哭。

后来我顺利生下一个女儿，有了一段幸福的时光。到了第三次怀孕，十二周的时候去照B超，结果又发现了胎儿异常。我们因为难以置信，又到上级医院检查，隔一周再查，情况都没有变好。医生也没有放弃，说你三天后再来看看，结果到了第三天，胎儿连胎心都没有

了。那一天，我一个人站在医院的走廊里哭得泪流满面，泣不成声。

我后来才明白，一个没有在深夜里痛哭过、没有在医院里痛哭过、没有在飞机上旁若无人地痛哭过的人，不足以体会人生的孤独和艰难。

梦里有个小男孩站在我对面，对我说"我爱你"

@gretl

我的二胎宝宝患的是18-三体综合征。孕检刚发现胎儿发育异常的时候，医生也不太敢确定，但等到二十二周左右做完四维彩超，基本已经确定了这一事实。医院当时给的建议是做羊水穿刺确诊，但因为羊水穿刺要提前预约，而孩子已经五个多月了，从穿刺到出结果还要半个多月的时间，考虑到拖得越久引产就越困难，所以我和老公以及家里人商量以后，没有听从医院的建议，而选择了直接住院准备引产。

住院第二天，护士通过羊水穿刺的针将药物注射进了我的肚子里，并告诉我注射后二十四至七十二小时内就会有反应。对我而言，注射后的过程更加痛苦，等待自己的孩子走向死亡的过程，每一分钟都是煎熬。最初B超还能听到他的心跳，感受到胎动，等到注射后第二天晚上，我突然发觉他不动了，情绪瞬间失控，抱着我妈哭喊："我的孩子死了。"我妈也很痛苦，但不知道该如何安慰我。

后来发生的一切就像正常生产了，等待开宫口、见红、破水、上产床，孩子生下来后助产士没让我看，我也没有勇气去看。从检查出问题到住院，我一直在调整自己的心态，在家人面前尽量表现得平静，但夜深人静时又总是忍不住哭，虽然心里清楚地知道这个孩子不能留，还是无法接受他要以这样一种方式离开。

在确定引产的第二天晚上，我做了一个梦，梦里有个小男孩站在我面前对我说："我爱你。"我伸手想去摸他，可怎么也摸不到，梦醒后我想这应该是我的孩子在给我托梦，他知道他要离开了。引产对于生过一个孩子的我来说，心痛要大于身体上的痛。这件事过去将近两年了，但每当我想起那个无法来到这个世界的孩子，依旧会感到无比心痛。

引产后的那段时间，老公工作忙，很少陪我，我一度觉得他不在意这件事，甚至也不在意我。他总是加班到很晚才回家，我因为这个跟他吵了很多次，甚至还怀疑他有了小三。那段时间，我们的关系降到了冰点。直到一年后，我才慢慢对引产的事情有所释怀，同时也意识到我和老公糟糕的关系会影响到孩子。所以，我试着把内心真实的感受告诉他。几次沟通之后，我们的关系得到了显著的改善。

可尽管这样，那个时候被他忽视的感觉，依然影响着我俩的感情。我觉得自己没有像以前那么爱他了，现在的我更想把自己的生活安排好，利用空余的时间陪伴孩子，以及学自己感兴趣的东西。

因为中途终止妊娠，我患上了严重焦虑和抑郁症

@九份

回忆起终止妊娠的那一刻，我只记得我除了默默地流眼泪，别

的什么也做不了。

那时候，我心里好像有块大石头压着，喉咙里也像有什么东西堵着。虽然十分难受，但我的情绪却很平静，我告诉自己要坚强，一再提醒自己一切都会慢慢好起来，而我一定可以撑住。

大概从那个时候开始，我变得越来越坚强了。我只有一个信念——"忍"。哪怕有一万个不情愿，还是告诉自己要忍着，忍着疼，忍着号啕大哭。尽管已经过去好几年了，但现在想起来，依然会感觉到当时的那种心如刀绞、万念俱灰……

因为中途终止妊娠，我留下了很多后遗症（妇科炎症、月经严重不规律等）。我去过很多地方，看过许多医生，吃了各种中西药，也试过针灸治疗、穴位治疗等。那个痛苦的过程每每想起来，都足以让我精神崩溃。

除了身体上遭受了严重的伤痛外，我的精神状况也出现了问题。我患上了严重的焦虑和抑郁症，变得极度不自信，甚至因此感到自卑。我觉得自己年纪小不懂事，觉得都是自己做错了事，才招致了这样的结果。

从那以后，我整个人的性情都变了，会因为一点儿小事惶恐不安、焦躁易怒，变得自己都讨厌自己。我和男朋友的关系也差到了极点。终止妊娠后，我们总是三天一小吵两天一大吵。可那件事的阴影始终在我心中挥之不去，难以释怀，我的男朋友也不喜欢听我说那件事情。

我知道正视自己的内心需要莫大的勇气，虽然不可能一下子就释怀，可我相信终有这么一天。

我是凶手，是我杀死了肚子里的那个小生命

@苗苗妈

我第一次怀孕的时候，只是隐约猜到自己怀孕了，但又不敢对外人说。因为在我当时的单位，怀孕是需要排队的，而我排的时间还没到，所以我当时的心情十分复杂，也无暇去确认自己是不是真的怀孕了。

更重要的是，那时的我特别害怕在工作上出任何差错。所以我拼命地加班，故意忽略身体的不适，直到有天身体出血，去医院检查，才知道孩子已经没救了，只能回家等着自然流产。

回家之后我一直哭，觉得自己就是杀死这个小生命的凶手。老公不停地安慰我，说这是有缘无分。可当那一小坨血似的肉球从我体内滑落后，老公也和我一样，无声地哭了起来。

尽管很难过，但生活还得继续。后来我又怀了现在的大宝，前三个月的时候，我不敢有丝毫懈怠，打了保胎针，吃了保胎药，只求他能平安地降生。那个时候，别说打针吃药了，就是任何苦我都愿意承受。值得欣慰的是，这一切都是值得的，大宝出生的时候非常健康。

在那段日子里，我身边有好几个朋友也发生了终止妊娠的事情，我渐渐开始相信或许真的是缘分未至，我忽略了宝宝是我的不对，可这世上太多的"命运使然"，或许真的是上天的安排。

神奇的是，在我们家大宝快一岁的时候，某天我突然又想起了我

的第一个宝宝，而且感觉我们缘分未尽。我跟老公说了这件事，他还以为我又开始钻牛角尖了！结果没几天，我就怀上了二宝，我心里一直觉得，我的第一个宝宝一定不舍得彻底离我而去，所以他又回来了。

我很感谢上苍对我的厚爱，让我没有因为失去一个宝宝就留下任何后遗症，而是依旧拥有一个幸福完整的人生。

通过这些柔软的故事，我看见了以前的她们。那个在手术室门口号啕大哭的妈妈，那个埋怨自己不知道自爱，从而连累了那个小生命的妈妈……

我也看见了现在的她们。她们脸上带着温柔的笑容，牵着另一个生命的稚嫩小手，尽管在某个不经意的瞬间，或是某个难忘的日子，她们还是会想起那个不曾来到这个世间的孩子。

孩子短暂到来，又突然离开，既令人遗憾，又充满深意。

就像一个经历过两次胚胎停育的妈妈所说："孩子让我明白，生命是很神奇的东西，有时候脆弱得容不得一点摇晃，有时候又坚强得让人无法想象，我感谢它的出现和离开，因为这让我更懂得爱现在的孩子，爱我们的三口之家。"

（作者：Momself）

我是个妈妈，但我也有想过的生活

1

还记得几年前热播的美剧《了不起的麦瑟尔夫人》吗？

女主角米琪（麦瑟尔夫人）还是乔伊的妻子时，每天早上都会在乔伊还没起床时就开始化妆，到了晚上又要等乔伊睡下再卸妆，她每天量自己的腿围，只为了确保不长胖一点，这是因为她觉得这样乔伊才会喜欢自己。她万事以乔伊的需求为先，只想做一个无条件支持丈夫的妻子。米琪这些"作为妻子应该做好的自我管理"来自她妈妈露丝的教导，而且妈妈本人也是这么做的。

但在第二季一开场，曾经要求自己和女儿要"一切以丈夫和家庭为重"的露丝，却忽然丢下老公、孩子和孙子，只留下一张便条，就一个人去了巴黎。

米琪和爸爸飞去巴黎，想劝说露丝回家。离开时女儿对坐在有些破旧阴暗的房间正中的妈妈说："我想你了，妈妈。"露丝坐在破掉的椅子上点起了烟，一脸眷恋地回复女儿："我也想念从前的自己。"

我看到这一幕时，感动到不禁想鼓掌。

露丝年轻时生活在巴黎，也曾是那种我们羡慕的独立浪漫的年轻女性，但自从结婚后，婚姻家庭让她收起了那些闪耀的锋芒，潜心在如何维持家庭、教育孩子、支持丈夫上。最后这句"我也想念从前的自己"是露丝在多年后最勇敢的出走，也是我眼里整部剧最值得分享的一幕。

米琪的爸爸也并没有因此放弃，反而留在巴黎，跟露丝过起了白天泡美术馆晚上泡咖啡馆的闲适生活。米琪爸爸可能也很怀念那个全身散发着自信光芒的妻子吧。

一旦发现自我的迷失，露丝还可以义无反顾地找回自己，她简直像是在用实际行动告诉女儿：你虽然离婚却找到了自己的事业（脱口秀），我也有我幸福的生活方式，我要去过我的生活了！

2

我的朋友杰西新年假期还没过完，就发了一则朋友圈，预告了一段为期15天的出行计划："开学时错过了家长会，学期中错过了运动会，学期末错过了家长开放日。这几个月错过了很多你的第一次，却是为了体验很多我的第一次。我们每个人都需要学习和成长，想对你说的话，会在我的行动里。"配图是女儿的笑脸。

连我这个平时总爱往外跑的人都很诧异：居然就这么去了美国！整整15天就把孩子完全交给了家里人？好舍得啊。我们共同的朋友、二胎妈妈晓丹在这则留言下评论："真潇洒。"还加了个捂脸的表情。

可仔细想想，谁不想做杰西这样的妈妈啊，哪怕是错过了孩子的一些成长时刻，也要带着遗憾继续坚定地走自己的路。但很多时候，妈妈当着当着，我们就把自己变成了晓丹，生活里除了孩子还是孩子，常常羡慕别人的说走就走，忍不住埋怨自己的生活一地鸡毛。

我认识的人中，比杰西更酷的，是研硕的妈妈。研硕说妈妈是她心中永远的女神，尽管自己也到了快四十岁的年纪，但她说："看到她四十、五十、六十岁的样子，我会觉得自己生命往前的每一步，都心里有数。"她的妈妈是一名教师，在她小时候爱上了国画，不是为了培养研硕的兴趣，而是因为自己喜欢想学；后来为了工作需要去学英语，正好又跟女儿的学习同步，结果学得比孩子都快都好；寒暑假从来不在家待着，哪怕要把孩子扔在外婆家，也要出去看世界，满足自己的好奇心……

研硕最感激妈妈的地方是，妈妈在她年少时给予陪伴，在她成年时懂得放手，支持自己的每一个决定，并热情参与其中。提起妈妈，她不无骄傲地说道："她是我一生的知己，始终的榜样。"

3
—•—

这些敢于把更多时间放在自己追求上的妈妈，对孩子的爱也从来不比其他妈妈少，只是她们也许更相信，只有做好自己想做的那个人，才能成为孩子的领路人。

但这些妈妈的高光时刻，也不全都非常酷。其中常常伴随着做决定时的艰难、情感上的内疚或者悲伤，甚至还有一些鲜为人知的至暗时刻。

朋友葡萄妈妈因为自己想完成学业，带着大儿子去上哥伦比亚大学，但最初半年两个人都鸡飞狗跳，孩子不适应幼儿园的全英文环境，自己还要承受繁重的学业。她说那段时间自己"经常很沮丧，甚至也动摇过，怀疑自己的决定到底对不对"。

闺密刘老师在台湾在职读博期间生了女儿，女儿如今已在台北上了幼儿园，但因为她工作地在杭州，眼看着学业结束，女儿不得不跟着她返回杭州。她感到很难过："不是说对女儿觉得愧疚，而是家庭和工作真的不能兼顾，让选择变得左右为难。"

我常劝她们："孩子总是会在自己这样那样的忙碌中长大的，我支持你。"事实上，妈妈再沮丧、再愧疚，也都是因为怀揣着对孩子满满的爱。而父母能够以身作则，比起讲更多的故事与道理，更能让孩子懂得独立的重要和珍贵。

（作者：菜泡饭）

做母亲我是认真的，做自己也是

1

怀孕期间，我的体重一度暴增50斤。生产时，我两手紧紧抓着床的栏杆，面目狰狞，十级的阵痛几乎让我失去理智，头不可控地一直乱晃，眼泪一直流，还不能叫，因为会消耗体力。

等到女儿平安出生，静静地躺在我的胸口上时，我看着她，却没有感受到别人所描述的母性光辉，没有所谓的感动涕流，只是心中生出一种不真实感：这肉乎乎的是谁？是我的宝宝吗？我真的当妈妈了？接着，我只是觉得自己好累，什么都顾不上了。

在心里慢慢接受妈妈这个新身份的同时，我的身体也提醒着我为此付出的代价。入院第二天阴错阳差地喝了鱼汤，还未流出初乳的我，柔软的乳房很快就变成了硬邦邦的石头。在疏通的过程中，我痛得乱叫，还不停地流泪，简直就像又生了一次生孩子。

后来出院回到家后，体重处于人生峰值的我看着镜子里蓬头垢面、身材走样的自己——喂完奶后空荡干瘪的乳房下垂着，有妊娠纹的肚腩往外凸显着，丰腴的臀部和大腿随着身体的移动像水袋一样晃悠着，心中充满了疑惑："这是谁？这真的是我吗？！真的好丑，好难看！"

尤其是在网上看到别人产后身材恢复得有多好、多快时，我更是陷入了深深的焦虑：我讨厌照镜子，穿不了以前的衣服也加深了我的低落和苦恼，我甚至开始讨厌自己。尽管老公一直在安慰我，说他还是一样会爱我，但我内心还是忍不住动摇、自卑，心里更是嘀咕："谁才相信你们男人说的鬼话！"而身边的一些朋友和媒体的报道也都在告诉我：女人因为怀孕和生小孩身材走样以后，男人很可能忍不住去暧昧和偷吃，你一定要小心。

于是我的焦虑继续升级，从对身材的焦虑，再到怀疑和害怕我老公是否会移情别恋乃至彻底背叛我。我偷偷趁他不注意去翻看他的电话记录等信息，企图发现蛛丝马迹，结果什么都没有发现。

有次去美容院，因为床位紧张，工作人员问我愿不愿意让别的客人用房间里的另一张床位，我因为都是女性，就同意了。谁知按摩的时候，这位女客人时不时地提及自己的某位朋友，说她生了孩子以后，老公在外面找了小三，她的朋友各种大闹，矛盾不断爆发，过得很可怜。

我一直默不作声，尽管因为姿势问题看不到对方的脸，可是全程都在听，也疑心她可能是美容院的托，但浑身的焦虑最终迫使我买了美容院里上万元的塑身衣，而这件塑身衣在之后的三年多里只穿了一次。

这个令人讨厌的人还是我吗？不，她真的不是我。如果她不是我，那她究竟是谁，我又在哪里？我产后的身体还没完全恢复，时间与精力也基本上都被孩子占据，既担心老公会不会做什么对不起我的事，又不知道生活中的哪一部分才真正属于自己，所有这一切都久久地萦绕在我的脑海里。我的生活已经完全失控了，我感觉很无力。

2

这个时候，我一次又一次地在内心问自己："这是不是你想要的生活？这是不是你想要的自己？"毫无疑问，答案是否定的。我不甘心于只做一个围着孩子和老公转的人，我也想拥有自己的事业、社交和兴趣爱好。妈妈、妻子都只是我的一个身份，这些身份终究要追溯到本源——我自己。如果我找不到自己，如果我无法成为自己，又如何去扮演好不同的角色？唯有更好地做自己，我才有可能成为一个好妈妈和好妻子。

想通以后，我告诉自己一定要马上开始行动，让自己尽快振作起来，一步步掌控自己的生活，成为更好的自己。于是我坦诚地把自己的糟糕感受告诉了老公，没想到他很理解我并愿意和我一起想办法。

与此同时，我也知道，现在首要的任务是把身体的状态调整好，只有这样才可能有良好的心态。考虑到涨奶和喂奶的问题，最方便快捷的运动方法就是在小区楼下跑步，跑步时由保姆帮忙照看宝宝。其实读书时我就讨厌跑步，在800米考试的时候还会偷溜。可为了摆脱困境与获得新生,现在我必须去跑。

起初,我刚跑100米就开始大口喘气,身上的赘肉不停地晃,不曾想到最简单的跑步都如此艰难,当时真的很想放弃,可是我老公一直在旁边陪跑,一边鼓励我,不停地聊各种话题来转移我的注意力。

我转念一想:如果我放弃了,我将会回到失控的生活节奏里,这不是我想要的。这种身体疲惫的感觉总比内心无力的感觉好得多,如果要掌控生活节奏,成为更好的自己,就必须做出改变,坚持下去。我暗地给自己鼓劲儿:加油!你一定能行!

慢慢地,我竟然坚持了下来。后来,我们还参加了当地的MAP跑团,每周五晚上8点半在城市约跑5千米。从艰难的100米,到后来的3千米、5千米乃至最后的15千米,差不多坚持跑一年后,我们还接受了来自跑团的半马挑战,最终我和老公一起顺利完成了台北半马,这个甚至成了我人生中一个里程碑事件。

没想到当了妈妈之后,曾经讨厌跑步的我竟然跑完了半马!我真的很为自己感到自豪。而整个过程中,除了身材的转变,我也变得越来越自信了。

就这样,我重新掌控了自己的生活,一切都回到了正轨。

3

与此同时,当宝宝4个月大时,我也已经和合伙人开启新的创业计划——创办国际幼托机构。

当时因为凡事都要亲力亲为，我们从周一忙到周日，根本没空休息。而唯一能够喘息的午休时间，我也需要赶回家给孩子喂奶，等吃完午饭再返回公司继续忙碌，涨奶时就泵奶，泵完继续忙。直到晚上回到家，才能和孩子亲热地互动一小会儿，等孩子休息了，脑瓜里还得一直想着公司的事。

这种忙碌的状态一度让老公和家人很不理解：你真的有必要这么累吗？其实家里条件好，你不工作，在家好好带孩子也可以呀！你现在这么忙，对孩子好吗？你创办这个国际幼托机构，不是为了孩子吗？你现在这么忙，和孩子的相处时间都快没了，会不会违背了自己的初衷？这些声音也确实让我产生过摇摆：究竟是当个外界所认为的好妈妈，还是继续坚持做自己？我甚至也会质疑自己的动机：我忙于工作，是不是在逃避当妈妈的责任？

直到后来，我觉察到自己确实很享受工作时的状态，工作让我找到了自己存在的价值。于是我决定接纳自己，我现在敢和其他人说："我就是喜欢工作，我享受这种状态。我不是那种广受外界好评的标准家庭主妇，也不会做饭。可是我不会为了迎合别人的想法而去改变自己，因为我才是自己生活的主人。我承认前期的忙碌状态减少了亲子互动的时间，但我也会为自己的孩子提供更高质量的陪伴。这一切都是有意义的，当我能成为更好的自己时，相信我也能成为孩子更好的榜样。"

后来，当孩子1岁3个月时，我所创办的国际幼托机构也成了她人生的第一所学校。这一切是那么美妙。时至今日，我从来都不后悔自己当初的坚持，我庆幸能坚持做自己。当我能够成为真正的我时，我的需求、情绪才会被照见，孩子也才会遇见一个更加真实生动的妈妈。我们彼此尊重，共同努力，才能互相成就更好的自己。

（作者：Zizzi）

妈妈的梦想也是梦想，也很重要

1

2015年9月决定考研时，我已经35岁，距离正式开考只有三个多月。高龄、跨专业、数学学渣，我几乎占了所有的不利条件。

这一次，我几乎没有告诉任何人，也不想征求任何人的意见，只是默默打开收藏了一年的学校网站，然后便是下载资料、刷论坛、采购书籍、安排复习计划……每天早上送完孩子去幼儿园，背上小书包往图书馆或者咖啡店一坐，就开始啃那一摞厚厚的参考书，到点儿了再去接孩子放学。

一个人备考的路很孤独，也很安静。天气渐冷，偶尔有一杯咖啡暖手都让我觉得很幸福。若我有一丝犹豫，想与父母商议，他们必然会这么回我：怎么异想天开？都几岁了？怎么不去上班？不用赚钱了吗？因此我不管不顾、头也不回，把这些想象中的阻挠声屏蔽，一往无前。其实想考研这件事在我心头缭绕了许久，我没有任何功利的打算，只是为了把自己搞明白。

十一年前第一次考研，因为对数学的不自信，我放弃了自己喜欢的心理学，选择了本专业设计艺术学。五年前第一次当妈妈，翻遍了心理学在职研究生的招考信息，认为自己平衡不了工作和学业，还是作罢。一年前决计要从混沌的工作中挣脱，彼时临考只剩两个月，望着政治、英语、专业课三座陌生的大山，挣扎许久又退了下来。

直到有一天，我听到了一个类似的故事。高龄的女主想考一个证书，犹豫着询问闺密的意见："我已经35岁了，读完拿到证都38岁了，我该去吗？"闺密回道："去呀！不管你读还是不读，38岁都会到来，但如果你能顺利完成这段学业，你不就能拥有一个有证的38岁了吗？"

于是我知道，是时候行动了。奇怪的是，我心里没有任何"试一试"的迟疑，只有坚定的"我要去读"，仿佛那个"有证的38岁"已然在前面等我。

<h2 style="text-align:center">2</h2>

一天晚间散步，朋友忽然担忧道："你要是真考上了怎么办？"我心中充满不屑："天，当然会考上，我压根儿就没想过考不上好吗……再说，你根本就不知道我为此付出了哪些努力。"

于我而言，备考就像我经手过的无数项目那样，需要做各种事无巨细的准备：

（1）找到关键人物，建立联系

包括熟悉导师的著作以及观点，了解他的学术风格和研究方向，还要提前发邮件表达想要报考的意愿。在备考过程中，要定期与导师联系，强化印象。

（2）了解过往案例与评价标准，听专业解读

主要是做历年真题，听专家解读，以及看专家推荐的书。

（3）根据交付物与工期，制订工作计划

实际上真正有效的复习时间只有两个月左右，因此我的目标只是考试过线而不是科科满分。临近考试的两周，我更是把花时间、见效慢的部分全部放弃了。

从9月到12月，我常常背着装满参考书的小书包匆匆走在路上。就连带着女儿去医院输液，把她安顿好以后，也不忘做一些政治练习题。

2015年12月底，我终于再次步入考场。看着周遭稚嫩的面孔，我忽然感觉有些不真实。等我踩着冬靴，在走廊里敲出"嗒嗒嗒"的声音，心里又忽然感叹：原来只有中年人走路才带响儿。等意识到这一点，我悄没声儿地踮起脚尖，希望能轻一些，以免被孩子们发现我和他们不一样。

3
—•—

和考研初试成绩一起来的，还有一个新的小生命。我不仅顺利上线，还成了一位高龄孕妇。掐了掐时间，预产期在8月底。

就这样，在2016年9月，在桂花浓香扑鼻的校园里熙攘的人群中，混入了一个上学听课、放学奶娃的中年妇女。

我永远都忘不了从学校到家往返的40公里路,因为在有课的日子,我需要在90分钟内完成回家、喂奶、吃午饭、返回学校这一系列流程。其间的匆忙可想而知。

也许每个哺乳期的妈妈都见过从半夜12点到凌晨2点、4点乃至6点的天空,但不一定有人像我一样,即使在夜深人静时还得左手奶娃右手码字,为第二天一大早的课题汇报做准备。

记得后来有40天我从早到晚泡在实验室里,因为每天与十几位被试沟通,嗓子哑到失声。每天放学后,我还经常带着女儿去图书馆,她写她的家庭作业,我看我的文献和实验数据……

但如今想来,竟想不起太多辛苦的细节,或许只因为我心里没有半点儿抱怨,我甚至来不及去看周围人的眼光,只感到一切是那么宝贵,舍不得浪费一丝一毫的时间。这是我竭尽全力想要达到的地方,怎么舍得虚度?

正如《牧羊少年奇幻之旅》中所说:当你想要某种东西时,整个宇宙会合力助你实现愿望。2019年,39岁、跨专业、数学学渣的我不仅顺利毕业,还成了近30位同学中毕业设计被评为"优秀"的两个毕业生之一。

这无意间的"敢要、敢突破、敢于负责",最后竟把自己推上了另一条赛道。若未来我们都能奋斗到80岁,那39岁岂不正是最好的年华? 未来可期。

(作者:文君)

生完孩子，我的社交生活才算开始

1

我是在爱丁堡大学艺术学院一个画画的工作坊里结识Ayshia的。得知她是一个妈妈后，我告诉她我正在写一篇关于妈妈社交生活的文章，并邀请她去学院咖啡馆聊聊天。

Ayshia来自土耳其，19岁结婚，24岁到爱丁堡大学读心理学，后来转到艺术专业，现在正在准备毕业设计。如今她31岁，和丈夫已经结婚12年，有一个11岁的儿子。

"在你有孩子之前，你的社交生活是怎样的？"

"我不喜欢泡吧和去夜店，我觉得那不是社交。跟喝醉酒神志不清的人鬼混怎么能叫社交呢？这甚至不算和对方待在一起。我喜欢和朋友一起吃饭、喝咖啡，就像我们现在这样，用心去了解对方的生活。"

"现在你的社交生活是什么样的呢？"

"现在我最重要的社交对象是我儿子。"

这个答案有一点儿出乎我的意料。我以为她会说有了孩子之后社交活动减少了云云。在我的观念里，社交和育儿是对立的两件事。于是我问她："和孩子交往能算社交吗？"

"为什么不算呢？在这个过程中我们一起发现了他的兴趣，他爱上了生物化学。他还告诉我以后想成为一名生物化学家。我很高兴他在这个年纪能找到自己的兴趣。我们还会一起去附近的一个科学集市，我还认识了那里的科学家。"

"那你和你的朋友们呢，还能经常和他们一起喝咖啡吗？特别是孩子还小的时候，肯定需要和你一直待在一起啊。"

Ayshia轻松地说："我去喝咖啡的时候也会带着他。"

"你确定？难道孩子不会大哭大闹吗？"

"哄哄就好啦。"

"可是我听说小孩很难哄啊！"

"不会啊。我觉得养孩子很简单，我尤其喜欢照顾小婴儿。我的妹妹生了孩子以后我就特别开心，因为我也可以照顾他。"

我一脸难以置信的样子把她逗笑了。这时她的朋友到我们旁边的自助台倒水，Ayshia跟她打招呼："Beth，我们在讨论养孩子。你也有两个孩子，你觉得照顾小孩难吗？"

Beth呼了口气说："快要累死了。"

我心想这才对嘛，于是赶紧问她："有了孩子之后，你的社交生活有什么变化吗？"

Beth想了想，说："我觉得最明显的变化是，我的社交活动更丰富了。"

"什么！为什么？"

"过去我朋友们的背景都很相似，就连爱好与工作也差不多。成为妈妈之后，我交到了很多不同的朋友。不论你来自哪里，你们都是妈妈，有类似的经历、好或者坏的体验，这让我的生活更丰富了。"

"可是你不是觉得养小孩很累吗？需要把那么多时间和精力都给孩子，社交生活必然会减少啊。"

"很多时候我的社交不是消失了，而是有了新的形式。比如过去我们常常聚会和喝酒，现在我们会和朋友一起野餐，在户外待上一整天，这是之前从来没有过的。我们不仅发现了几个既适合家庭野餐又有好红酒的地方，还一起研究如何创新三明治。虽然和朋友约定时间、准备食物都很麻烦，但每当你看到孩子的笑容，会觉得这一切都是值得的。"

2

她们的积极乐观让我很意外。因为在我的印象里，妈妈们对自己的社交生活大多都略显消极。

有个妈妈曾跟我说："女人成为妈妈之后就从社交圈里消失了。之前我看不上围着孩子转的女人，觉得她们整天只会唠叨孩子那点事。有一次朋友约我出来见面，只待了半小时就要走，因为她告诉我：'我的女儿要睡觉了！'有没有搞错，是你约我出来的！那时候我就告诉自己以后一定不要成为这样的人。"话虽如此，她最后还是淡出了自己以前的社交圈。再遇见她，也只是苦笑着跟我抱怨："生孩子前我有一堆朋友，但现在我一个朋友都没有了。"

事实上，和朋友一起消失的，还有她与老公的二人世界。过去每逢生日或者纪念日，她都会精心打扮一番，然后和老公出去吃一顿浪漫的晚餐，但这些仪式现在彻底不见了。我问她是否觉得遗憾或者不甘心，她说完全没有。她只后悔自己没有早点生孩子，这样就可以陪他们更久一点。

她的老公大概也是"丧偶式育儿"的典型，因为她曾跟我开玩笑说："我现在觉得有没有老公好像没什么区别。如果有人愿意用五百万换我的老公，我会毫不犹豫地答应他。"

3
—•—

我把朋友这个"老公和五百万"的故事讲给 Ayshia 和 Beth 后，她们露出了深以为然的表情。

"我很理解这个妈妈，孩子确实会对婚姻产生很大的冲击。我和丈夫过去很了解彼此，但有了孩子以后，我们好像渐渐不认识对方了。我们永远都在跟孩子说话或者讨论孩子，很少聊彼此生活的其他部分。只有朋友在场时我们才能聊很久，那感觉就像他突然变成了一个完全陌生的人。我们迷茫过，甚至考虑过分开。"

"但你们并没有分开？"

"我们想给孩子一个完整的家，而且我想我们也更愿意在一起。我们完全可以在孩子面前扮演一对幸福的夫妻，但我们更希望彼此是真的相爱，而不仅是为了孩子。那时我就想，如果我们可以解决这个问题，那以后无论遇到什么样的难关肯定都能挺过去。大概一年后，我们才适应了新的角色。我们知道自己不仅是孩子的父母，还是丈夫和妻子。现在我们每周会尽量挑一个晚上把孩子交给保姆，然后两个人出去吃饭或者看电影。"

说完这些，Beth 要回到她朋友那边去了，我和她拥抱并感谢她的分享，然后转头问 Ayshia："你呢，现在还会和老公单独约会吗？"

"不，我们从不单独约会，因为我们不想让儿子感到多余。"

我对她坚定的态度感到有些惊讶："那你们现在还有激情吗？"

"嗯……不是人们常说的激情，是一种很深的感情。我不是一个浪漫的人，我们甚至都不睡在一起。"

"不睡在一起？这是为什么啊？"

"我觉得夫妻不睡在一起会让他们有更强的联结，因为这让他们彼此想念。"

"好吧……但是如果没有浪漫，你们之间靠什么来维系呢？友谊吗？"

"比友谊更深，但不是浪漫。像是团队合作，或者你也可以说我们是灵魂伴侣。我非常爱我的丈夫，我知道如果他死了我不会再爱上别人。我还爱我的儿子，但不会有别的男人了。"

"可是这怎么可能呢！我从来都不相信有唯一的爱。我一直坚信如果我和男朋友分手，我们都会爱上别人。"

"或许当你们在一起足够久之后，你也会懂吧。我的儿子才11岁，但是他跟我说过：'妈妈，我现在最大的愿望就是结婚。她可以肥胖，可以丑陋，但我只想要和一个人相爱。'所以你看，我们的一举一动孩子都看在眼里，只有我们经营好自己的生活，才能为孩子做出榜样。"

"你难道从不怀念两个人的约会？"

"我们不会出去，但其实我们每天都在约会。当儿子在自己的房间打游戏或者做作业的时候，我和老公就会在厨房聊天。我们聊得很多，那就是我们的约会。"

在经历12年的婚姻之后，一个声称自己不浪漫的女人告诉我，她和丈夫每天都在厨房约会，在不同的卧室彼此想念。而我除了"天哪，我没想到还可以这样"，什么都说不出口。

这样的感情，真是羡煞旁人。

4

后来我想起这次访谈，总觉得自己大惊小怪，不过这或许只是因为我和许多人一样，都认为生孩子只会限制女人的社交自由。

在她们心中，成为妈妈意味着变得无聊、失去自由乃至迷失自我。因此，有人立志成为"丁克"，坚决捍卫个人兴趣和自由；有人尽管成了妈妈，却心甘情愿舍弃了自己的社交，放任自己变成一个无趣的人。但或许我们还有其他选择。

成为妈妈不仅可以让你有更多的话题，让你与更多不同的人有相同的经历，或许也可以让你因此拥有更多元的朋友。社交也不只有聚餐和约会，它可以不被既定的活动和场所定义：既可以是和孩子一起去见科学家、和朋友一起寻找既适合家庭野餐又有上等红酒的地方，也可以是与孩子一起研发三明治、和丈夫在厨房谈心。社交不必消失，但它会与从前不同。我们大可以少一些旧的仪式，多一点新的创造。

事实上，Ayshia 和 Beth 都只是我们身边很普通的妈妈，跟国内任何一个妈妈都没有身份上的差别，她们既没有很多财富或者超人的精力，也不算普通意义上的"成功女性"。但她们做妈妈的方式让我很吃惊，也很受启发。

原来，失去社交不是每一个当了妈妈的人必须付出的代价，如果你本来就是一个有趣的人，乐于拥抱生活中的变化，那就多用一点点爱和创意，相信生孩子不会成为你实现梦想途中的绊脚石，反而可以让你的生活变得更丰富。

（作者：一鸣）

当妈这件事，首先得自己爽！

1

当妈妈的这些年，你经历过最幸福和最崩溃的瞬间是什么时候？在这里，我想跟大家分享一下我的那些崩溃瞬间：刚刚生产完头发掉了一床；每隔两个小时要喂一次奶，没有办法工作；那些诡异的喂奶专用服，我竟然一穿就穿了三个月……

那段时间，我老公下了班回到家会说："哇，看到小孩躺在床上，你在床头看书，简直是岁月静好。"我不禁心想："真是站着说话不腰疼！你是CEO我也是CEO，你每天还照常上班，可是我现在只能蓬头垢面地躺在床上，还要每隔两个小时爬起来喂奶。"我想去工作，但没有办法，那个时候既没有体力也缺乏脑力。

我爸爸从小就非常宠我，是把我捧在手心里那种。我经历产后抑郁那段时间，经常会在家掉眼泪。有一天我在房间里哭，他从房间门口走过时看到了，就说："唉，不要哭了。"当时我心里一阵感动，觉得还是爸爸最疼爱女儿。但我爸接下来却说道："这么哭对奶水不好。"我当时也想："是啊，我怎么这样，我都当妈妈了，不能再任性了，这样可能的确对奶水不好。"

后来我回到职场，追随了十年的老板见到我第一句话却说："三年内应该不会再生了吧？"我当时还愣了一下，心想这人怎么能这样呢。但我马上又想，老板说得也没错，老公司正准备上市，新公司也在开拓业务，谁能受得了一个高管产假一休就是半年呢？于是我又马上全心投入了工作里。

后来我出差了一个星期，因为儿子还太小，其间都是姥姥没日没夜地照顾他。等回家那天晚上，我想带他回家，他却不肯跟我走，还在家门口大哭。我觉得很委屈，于是自己一个人哭着从我妈家走了回去，一边走还一边想，孩子也有孩子的需求啊，他也没有错，我不能强行让他跟我回家。

现在回想起来，第一年当妈妈，我觉得有一些幸福时刻其实是自己硬撑过来的。

2

同样的事情三番五次发生，我很痛苦，就问李松蔚应该怎么办。他反问我，如果你在职场中遇到这种事会怎么办？我说："如果是在职场，我会有很多办法啊，我可以自己跟当事人谈。"他说："那你就去谈啊。"我心想，这怎么可能？怎么谈？那是小孩还有老人，根本不可能。但其实在我说出来的那一瞬间，我好像就已经意识到，我似乎把当妈妈这件事看得太重了，我好像举了一个非常贵重的东西在走路，以至于每走一步都会想："我不能晃，不能摔，更不能给砸了。"结果到后来，我连走路都不会了。

那段时间为了寻求自我疗愈，我看了很多文章，发现大部分文章都如李松蔚所说，它们不停地向我传递这样一些信息："千万不要说这三句话，否则孩子会遗憾终生""这个妈妈一个月就练出了马甲线""有个妈妈曾带1岁的孩子环游世界""想当一个完美的妈妈，你要做到这几点"……

我的合伙人王妍也是一位妈妈，有一天跟我说："我觉得很奇怪，本来我是一个粗心大意的人，为什么我当了妈妈之后就要变得心细如发，就要早起给女儿做花式早餐，否则我就觉得自己是个不合格的妈妈呢？"

这个问题当时打动了我，我就想："是啊，为什么？"可思来想去，也没有找到一个标准答案。于是我就继续跟李松蔚探讨。他问我："当老板问你什么时候回来上班，当你努力健身男同事却突然睁大眼睛问你'都当妈妈了干吗还这么折腾'，这个时候，你是怎么想的呢？"这个问题再一次问倒了我。我常常觉得"好像别人都是对的"，那我自己呢？

我越来越疑惑，所以我们后来做了Momself这个微信公众号，就是想解决这些问题。与其说我们在帮助大家，不如说我们在帮助自己，因为我们全都是第一次当爸爸妈妈。

3
—•—

后来我终于在这个过程中想明白了一个问题：当妈妈这件事，首先得自己爽。其实做任何事都一样，否则你根本没有办法往前走。

事实上，当我意识到自己把妈妈这个身份看得太重的时候，好像整个人忽然轻松了不少。我知道，我们都是很好的妈妈。或许只要我们适时地改变思维方式，做妈妈就能如鱼得水。

我工作的一部分是做知识付费课程，后来我除了金钱管理没在儿子身上用过外，其他的管理方式全都用到了和儿子的交流上。因为在这个过程中，我不仅希望妈妈这个身份能做得更舒服，也希望他能过得开心。

举一个很简单的例子。我们经常没有办法让孩子按照我们规定的时间起床、去幼儿园。有一天我就跟儿子说："你赶紧的，要再不起来，我就要迟到了，要是这样我今天下午就不去接你了，我让姥姥去接你。"我儿子听了以后躺在床上说："妈妈，你刚才是在威胁，不是说服。"

他说的是对的。我们通常会说这件事情怎么怎么样，很有道理，所以你应该去做。可是孩子想的往往是：我承认，可是我不愿意听你的，因为你讲的都是"正确的废话"，是"无道理不说服"。往往这种时候，你与孩子的沟通就容易失败。如果你说的话对他有好处，他就会听你的，这叫"无好处不说服"。

我儿子求我做什么事情的时候，我有时也不同意。不可能他的所有需求我都满足。我承认我没有那么多的爱。可是到了后来，我们学会了用互相说服的方式来让对方满意。他会跟我说："妈妈，你今天陪我一小时，你下次去做指甲的时候，我陪你去。"我就会说"好"。我也会跟他说："你今天早点起床，晚上我们就一起吃豆皮。"他会以"可以"回应我。

就在这个过程中，我们相处得更融洽了，很多事情也不用再勉强。我的生活好像多了一些一个人时没有的快乐。

4

家庭中常有的另一个矛盾发生在老人带孩子时。在我家里，现在是我父母白天帮我带儿子。老人带孩子非常谨慎，会说这个不能干那个不能干，我一度非常焦虑，因为我很担心自己的儿子会变成一个懦弱的小孩。

事实上，我以前就是一个很懦弱的人。刚工作的时候，如果老板在开会时声音大一点点，我的脸就会一下变红，接着大脑一片空白，完全没有办法讲话。我越紧张越讲不清楚，老板就越容易生气，这件事情就这样陷入了一个恶性循环。直到后来，我花时间弄清楚了一个概念，叫作"课题分离"。

也是在那之后，我才逐渐理解：我爸妈并没有错。作为老人，他们帮我们照看孩子时首先想的是这个孩子能否健健康康、吃饱穿暖。所以当他们看到孩子想要从台阶一阶一阶地往下跳时，是真的会害怕。因此，我没有权利干涉他们，更没有权利对他们说："你们不能这样带孩子。"

父母有父母的想法，孩子有孩子的想法，我也有我的想法。只要我们看清楚每个人都在为自己的那一部分课题负责，或许就能找到解决矛盾的办法。就像我儿子有一句口头禅，当他做一件事情被老师或者姥姥姥爷否定的时候，他会说："你没有错，我也没有错，只是我们要的不一样。"

我有时候想，也许有一天当他走进社会，遇到一些指责，他会在那一瞬间停下来，想一想是否真的是"我错了"。这样，他为了自己想要的东西伸出去的那双手，就不一定会马上缩回来，他会考虑问题究竟出在哪里。如果他确定"这就是我想要的"，他或许就能找到解决问题的方法。

我们对别人抱怨的时候，别人会第一时间反弹，他会愤怒，会自责，但这并不代表一定是你错了，抑或他错了，只是在那一瞬间，他感到你们之间因为不同的立场而纠缠在了一起。

培养这种课题分离的意识需要时间。我后来发现，面对我儿子时，我自己就经常缺乏这样的意识。我们常常分不清什么是我的课题，什么又是你的课题，两者边界不清，自然会生出许多问题。

有些媒体倡导我们要做一个情绪平和的妈妈，但这怎么可能？是人都会有情绪。除了个别修养极高的人，谁可以一直心如止水、不动如山？真正重要的还是在情绪来临时，找到属于自己的"课题"。

5
—•—

前几天晚上，我在家里处理工作，跟同事在微信群里起了争执，结果儿子在旁边一直念叨："妈妈，你好了没有啊？我要刷牙，你好了没有？"我一下子就生气了，一边盯着手机屏幕，一边很不耐烦地说："你自己的事为什么一直要让我帮你做？你自己难道不能去刷牙吗？"

但说完之后我就有点儿后悔了，一时也很尴尬，于是继续在那儿回信息。结果儿子对我说了一句："我又不是你的同事，你干吗对我这样？"就在那一瞬间，我忽然觉得他似乎在某些方面已经比我做得更好了，而我也从他身上发现，我发火好像并没有想象中那么严重，因为他应对得还不错。

前几天有一个朋友跟我诉苦。她跟婆婆住在一起，婆婆希望能照顾好全家，事无巨细都要过问，控制欲难免强一点，比如几点钟要干吗，她都会来提醒你。我朋友烦了就会跟婆婆说："好了好了，你不要管了。"有一天，她忽然发现三岁的女儿也学会了这么跟奶奶说话。她震惊了，因为她还是很想为女儿树立一个好榜样的，所以她就跟女儿说："你不能这么跟奶奶说话。"

当然，她自己也开始学着多一些忍耐。我说："那你能忍得住吗？"她回道："忍不住啊，可还是得强忍，即使自己也可能不太高兴。"她问我应该怎么办，我告诉她："当然该忍还是得稍微忍一下，人家毕竟是长辈，不过也许你可以去试着找机会跟老人谈一谈，即使这可能会有一点儿困难。"

后来我想了想，又告诉她："或许还有另外一个方法？如果是我的话，我会跟自己的孩子谈谈。我可能告诉她我注意到你会跟奶奶说'你不要管了'，你这样说的时候妈妈有一点儿难过，因为我觉得奶奶会伤心的。我想你肯定也发现了妈妈有的时候会忍不住这样说，但妈妈那个时候是真的很烦躁，可是每次说完之后，妈妈很后悔，因为奶奶其实都是为了我们好。"

话说到这儿就够了，你相信吗？小朋友会给你惊喜的。就像我儿子，很多时候当我承认我不行的时候，他会说，那我们可以这样，或者那样。最后，我跟我朋友说："小朋友啊，其实值得你跟他说出那些在你心里犹豫已久却从未说出口的话。"

我们生活中经常遇到一些小问题，小到如果说出来就很矫情，可如果不说呢又很憋屈。你好像也没有办法完全跟身边最亲密的人分享，就在这么微妙的一个点上，你也许可以试试跟孩子说。

我一直觉得女性在工作与生活之余不应该只看一些廉价的"鸡汤"，我们应该学习更多，也值得拥有更健康科学的认知方式。通过不断学习，无论面对任何困难，相信我们都能找到解决问题的办法。

（作者：崔璀）

第三章

好妈妈模板？没有的

一个全职妈妈"抛家弃子"的15天

1
— ● —

为人父母（特别是母亲）最大的不自由，就是每逢想干点儿自己的事情，总会不由自主地掂量：伴侣会怎么想？孩子怎么办？自己不管行吗？比如我，一个家里有俩孩子的全职妈妈，就有这种苦恼。爸爸可以出差，短暂地与孩子分离，但妈妈行吗？当然不可以！哪怕只是一个晚上！

早些时候，光是给老二哺乳就离不开人。生老大时年轻懵懂，早早断了奶，于是我决心在老二身上多补偿一些——据说自然离乳有利于孩子一生的身心健康。但做了这个决定后，面对喝母乳少的老大，你能不愧疚吗？那不得多陪陪？所以辅导作业、睡前阅读、课外兴趣班、定期谈心……一样也不能少，每一项都瓜分了我不少时间。

就这样，在家里一待就是三年。眼看断奶的老二也要去上幼儿园了，我内心的迷茫与日俱增："接下来我要做什么？"相夫教子的路不好走，想来想去，索性找一条新路！

暑假前，我看到了一个为期15天的零基础心理学培训课程，动心了。陪孩子的这些年，从学习孩子的养育到观照自己的内心，我渐渐发现心理学是一个值得探索的领域。可是，这个培训班在暑假举行，又在北京。作为两个孩子的妈妈，在本该陪孩子的暑假却"抛家弃子"跑去上课，真的合适吗？

2

我先探了探老公的口风。他两手一摊："你看我上班这么忙，肯定带不了孩子。你要是能安顿好两个娃就行。"我一寻思，带娃只能靠婆婆了，就去问她。婆婆喜欢孩子，只是说："老家是乡下，条件差，就怕你担心照顾不好孩子们。"好吧。最大的障碍还是在我这里，最大的考验是我能否接受和孩子们分开。

我倒不担心老二，他就是当"猪"养大的，皮实得很。但只要老大甩过来一个哀怨的眼神，我的心脏就会抽痛——简直就是我上辈子的"冤家"！真的不是我偏心，是这两个孩子实在差异太大。

老二还没渴就会喊着要喝水，已经上学的老大却会把水杯满当当地带走，再满当当地带回来；老二才一岁多就可以自己上厕所了，但老大时不时还会尿裤子；老二能自己玩好长时间，但老大只要一回家就爱往我身上蹭，哼哼唧唧，让我猜她为什么不高兴……

我真的很担心自己要是不在身边两个孩子会怎么样：老大能照顾好自己吗？两个孩子会出什么事吗？他们会不会很无聊？会埋怨

我吗？我能承受他们和家人的埋怨吗？……

　　而在担心孩子的同时，我也需要花时间准备培训课程的资格申请并等待审批通过。这个过程中的任何一点儿挫折、意外和拒绝，都可能让我萌生退意。

　　但奇怪的是，每当我告诉自己"算了吧，多麻烦"，试图忘记这个"休假"计划时，它又会无端地挤进我的脑袋里，内心也总有一个小小的声音跳出来说："可是我真的很感兴趣，为什么不能去试一试？"随着开课时间的临近，这种声音变得越来越大。

　　我约好友面谈了好几次，每次都在这种要不要去的纠结中痛苦不堪。直到后来我才发现，原来这个声音是为"我"自己发出的——它不想再被作为"妈妈"的声音掩盖。朋友甚至很尖锐地说："你真的只是担心孩子吗？你是不是只是习惯了做熟悉的事情——因为害怕失败，也害怕付出了没有回报？"我愣了很久，曾经的我可不是这样。在起心动念后的第20天，我终于下定决心，"抛家弃子"去上暑期班。

　　为了稳住黏人的老大，我还特意第一时间把这个决定告诉了她。她当然强烈反对了一阵子，用上了各种对付我的手段：哭闹、故意冷落我、生气不理我、让爸爸拖住我……但看我态度坚决，她大概明白这件事我非做不可，慢慢也就接受了。

3

—·—

　　出发的日子很快就到了。我先带着两个孩子回婆婆家一起住了两三天。临行前一天晚上，大小二娃已经睡得四仰八叉，我注视着他俩肉乎乎的小脸，内心涌动——哎呀，事到临头，却发现自己有点儿"分离焦虑"了。

第二天早上，预约去车站的车来了。我给老二喂好饭，擦擦他的嘴角，整理下他的小褂。然后，我又把老大叫到一边，嘱咐几句废话，给了她100元零花钱。我屋里屋外来回拿行李，老大就拽着我的衣角一路跟着。到了车跟前，老大眼巴巴地看着我——啊，就是那个让我心悸的幽怨眼神！老二挨着姐姐站着，嘟着嘴，又仰脸去拉奶奶的手。

虽然这时我忽然想不管不顾地留下来，但内心那个"自己"却在不停拽着我往外走。磨蹭到最后，我快步走向出租车，害怕走慢一步眼泪就会落下来。车开到村口一个拐弯时，我回头看了看，奶奶带着他俩还站在原地。

意外的是，分离的哀伤并未持续太久，我在火车上就开始对这次行程兴奋起来。抵达北京当晚，我还临时起意去看了场音乐剧，算是庆祝自己开始"放假"。

猝不及防的是，兴奋感很快消退了，第三天，我开始想孩子们了。三餐不定，举目无亲，水土不服，患上感冒——我深夜发微信给老公："好想把肉嘟嘟的老二紧紧搂在怀里啊。"老公很平静地回："周末没有课，买张票回家也很方便。"我那一筐准备抒情的话都被这句"正确"的建议给退了回来。我火大了："我好不容易才出来，才不回去呢！"老公被我的情绪弄得莫名其妙："说想家的是你，说不回来的也是你！"

　　冷静下来后，我得出了一个令自己震惊的结论：原来有分离焦虑的人不是孩子，明明就是我自己！比起他们对我的需要，其实我才是那个更需要他们的人。

　　漫漫长夜，多的是属于自己的时间。我躺在床上，想着若是在家里，老二肉乎乎的身体此刻应该就躺在我身旁，小手还搭在我身上，浑身散发着一种淡淡的奶味。我是如此想念这种味道，就如同他依恋着妈妈的味道——他找不到我，该号啕大哭了吧？

　　第二天，我和两个孩子视频："想妈妈了吗？"老大嚷着："弟弟第一天晚上醒来哭着要找你，我把他哄好了。"我心里一暖，一紧，又一喜："后来呢？""后来他再也没有哭过了……"好吧，看来孩子们已经翻过了"分离焦虑"的山头，可老母亲还在后面慢慢赶呢。

　　直到培训课程开始后的第五天，我才逐渐找到自己的节奏，流连在青葱校园，徜徉在知识海洋，和同学分享经历，与老师探讨相关问题，过完了只有我且只属于我的15天学生生活。

4
——·——

　　等课程结束再回到婆婆家，迎面而来的是两个晒得黝黑，长了个子也长了肉的娃。他俩载歌载舞地把我迎回家，围在我身边。老大伶牙俐齿叽里呱啦地说个不停：新交的朋友，新学的翻双杠、打麻将……老二先是直往我怀里钻，然后又拉着我去院里看韭菜，去房上看瓜蒌——是的，我不在的这些天，他们蓬勃生长，俨然成了奶奶家的小主人。

我的心里当然有很多惊喜：原来放手也不错，我不但享受了属于自己的生活，孩子们也有了更多属于他们的空间。但是在等待孩子给我这个"客人"安排活动的间隙，我有点儿手足无措，甚至有一丝惶恐："孩子的世界里，我终将逐渐退出。而我的世界里，孩子们大概也会慢慢退出。我准备好了吗？我要以什么新的角色、新的内容来填充这个空间呢？"

现在再回想离家的15天时间，我想更重要的不是学到了什么，而是我终于得以暂时脱离"妈妈"这个角色，看到自己内心的需求，并开始了探索的过程。这并不是说，妈妈对于长大的孩子而言不再重要，而是我认识到，对于长大的孩子，妈妈不一定要全方位贴身照顾。我们应该给彼此一些空间，相信孩子可以和我们一样自己摸索着成长。

在这段生命的探索之旅中，我不确定什么才是更好的方式。我只能确定，我希望和孩子是这条路上的同行者和分享者。老话说父母为人处世的方式，就是对孩子最好的教育，我希望我现在做的这些事能告诉他们做自己有多重要。

（作者：飞鱼）

我是不是一个好妈妈，只有我自己说了算

1

这个社会——包括我们自己，对妈妈这一身份常常有着出人意料的要求。

一个叫茜茜的姑娘在公号后台留言，问我们能否聊聊孩子跟妈妈不亲应该怎么办。她是这么说的：

"孩子八个月了，白天都是姥姥带，我平时上班，现在孩子白天要找姥姥，甚至晚上也要找姥姥。我想可能是从小我没有亲自喂奶，所以她和我不太亲。而且为了让孩子多吃一些，我把更多时间花在了吸奶上。小时候，孩子哭闹，我只要搞不定，每次也都交给姥姥完事。久而久之，孩子重要的时间都是姥姥陪伴的。再加上之后回去上班，和孩子在一起的时间就更少了。"

"现在极力想挽回这个局面，回家还想着多陪她玩一会儿，但一到晚上，孩子就开始找姥姥，撕心裂肺地哭，我这个当妈的这时候心里很难受。我抱她哄她的时候，她甚至会用手推我。最令我伤心的是，现在女儿的世界里姥姥排第一，爸爸第二，我第三。爸爸哄

她都比我管用。当妈当到这个地步，也是醉了。"

编辑把这份留言发给我，随口感慨道："我觉得应该是没办法的吧，老板你自己不也和她一样吗……"也是，这个留言的妈妈根本就是我的写照。

2
—•—

有一次出差了一周，下飞机后，我拖着行李箱一路小跑，开车回家的路上，看着窗外的风景，想着要见到小核桃了，心里软软的，不禁感慨："爱就是这样吧，想到要见一个人时，甚至会忍不住笑出来。"

结果等我拖着行李箱冲进姥姥家门，小核桃见到我的第一句话却是："妈妈，我今天不想跟你回家。"剧情急转直下。"为什么啊？"

"就是不想啊"以及"我会想姥姥的啊""今天太晚，我困了啊"，现在他长大了，还能说出一二三点理由。再小一点儿的时候，如果不想回家，就只会呜呜地哭，哭到连我自己都以为我这个亲妈可能是假的。

说服无效，总不能强行把人家抱回去吧，我只能放弃。一个人溜达回家的时候，我整个人都很沮丧，甚至还有点儿委屈：我努力工作错了吗？我赶最早或最晚的班机，就是为了能跟孩子多待一会儿啊，为什么还要有这种遭遇！用茜茜的原话就是"当妈当到这个地步，也是醉了"。

3
———•———

其实有同样遭遇的，不只是我和这位叫茜茜的妈妈。北京有个朋友是做媒体的，孩子半岁的时候就回去上班了。有一天她发了一个朋友圈：才分开一周，孩子忽然就不依赖我了，发烧的时候哭着找奶奶，我一抱他哭得更厉害。有点儿崩溃。

我的创业伙伴王大米前段时间差点儿抑郁，因为女儿养乐多跟爸爸的亲密几乎让她无容身之地。"妈妈你去工作吧，我要跟爸爸玩啦。"女儿现在最常对她说的就是这句话。老公加班，养乐多会一直问她："爸爸什么时候回来？我要等他回来，看他一眼再睡。"每当这时，一旁想做"二十四孝"好妈妈的王大米都相当尴尬。

成为妈妈之前，我以为人类世界会跟动物世界一样，小狮子出生之后就会紧紧地跟在母狮子身后，母子情深是天生的！但现实并非如此，事实上，我们对"妈妈"一直有着太多的误解。

第一个误解：孩子会天然无条件地跟妈妈亲。很明显不是，证据如上。大人也有亲疏远近，所有的关系都需要维护。花时间少的，自然会疏远，为什么放到孩子身上就有那么多的"无条件"呢？他们会喜欢那个陪伴自己时间多一点儿的人，不是很合理吗？

第二个误解：妈妈必须花时间陪伴孩子，才能让孩子与自己亲，不亲就不是好妈妈。也错！每个人都有自己的选择，哪儿来那么多必须？我的朋友TT是个投资人，因为工作需要，总是天南海北地飞。她前年生了一对双胞胎女儿，孩子们一岁生日的时候，她正跟朋友在西班牙玩，当天她就在朋友圈隔空为孩子送上了祝福。为了保证工作的时候精力充沛，她几乎从不跟孩子一起睡，一个交给姥姥，另一个交给阿姨（保姆）。我问她："你孩子跟你亲吗？""还行啊……""生病的时候会闹着要找你吗？""小女儿生病、闹觉啊，会找阿姨。""啊！找阿姨都不找你！你简直处在家里生物链的底端啊！""屁啊，她们生病的时候，我要带着一大家子去医院，找医生，前前后后指挥安排，她就算闹着要跟我，我也没空啊。"（心大！）"那你担心孩子跟你不亲吗？"

她一脸不在乎："现在孩子还小，你感受到的'不亲'只是由于没有投入足够的时间而产生的偏动物性的不亲密或者疏远。比如说，我周末在家两天，我们就会亲一点儿，我出差两天，她们再见到我，就会疏远一些。我觉得这很正常。"

"可是，可是……"我总觉得哪里不对。她知道我要问什么："你是想问，我会不会难过，对不对？"我不住地点头。"会啊，"她停下嘻嘻哈哈，变得一脸严肃，"但我觉得，我只是坚持了我的活法，并不代表孩子没有受到好的照顾。孩子成长得很好，就够了。有人说我不是一个好妈妈，我……认！"

4
—·—

"有人说我不是一个好妈妈，我认！"这句话真是掷地有声。想想也是，为什么非要在乎别人的看法呢？难道你不知道社会对一个好妈妈的要求有多严苛吗？要耗多少精力，才能拿到那么一个称号？

"她整天就知道忙工作，不是一个好妈妈！"

"她不工作整天待在家，不给孩子树立一个好榜样，不是一个好妈妈！"

"她太溺爱孩子了，不是一个好妈妈！"

"她对孩子那么凶，不是一个好妈妈！"

……

简直比评选三好学生还要难！我就想问一句："值得吗？"

话虽如此，要忽略社会的评价也确实不容易。有谁能心甘情愿地接受自己不是一个好妈妈呢？但仔细想想，什么是好妈妈？好妈妈的标准又是什么？孩子跟你特别亲，无时无刻不黏着你，只需要你，就能证明你是好妈妈吗？真到那时候，也许又会有人担心你培养出来的孩子适应能力不强，不够社会化吧？

还是说孩子独立有主见、健康成长、聪明伶俐、活泼可爱，才显得你是好妈妈？可那是孩子长得好啊，你凭什么把功劳都算在自己头上？（也许孩子爸爸还美滋滋地说：是我的基因好！）

看到了吗？这些无关孩子，最大的症结其实是我们自己。

请容我彬彬有礼地对那些评判别人是不是"好妈妈"的看官说一句：关你什么事。

5

—•—

现在我要说第三个误解：养育孩子的正确方式是唯一的。

大错特错！妈妈爱孩子的方法有很多种。有一些非常规、非主流的养育方式，照样也能培养出健康可爱的孩子，因为孩子有他们自己的适应能力。

韩剧《母亲》的主演李宝英曾在接受采访时说过这么一段话：

"生了孩子之后，有些问题一直让我感到疑惑和苦恼，这在剧中也有所体现。刚生女儿的时候，因为身体经历了生产之痛，根本无暇顾及其他。我并没有觉得女儿多么可爱，也没有像电视、电影里一样，抱着孩子流下激动的泪水。我妈妈因为心疼我，让我只喂初乳，不要起夜喂奶。但除了我妈妈以外，其他人都坚持要我喂夜奶。月子中心的人都在传'只有李宝英不肯起夜给孩子喂奶'，我的孩子在众人口中成了'可怜的小孩'。这让我不禁怀疑自己是不是一个不爱孩子的坏妈妈。孩子出生一百天之后，我还在不停地愧疚和难过。

"生了孩子之后，我每天都会受到各种责备，'怎么给孩子穿这么少''怎么不给孩子穿袜子'，等等。

"我希望世界上不是只有一种'妈妈'。我不认为'妈妈就必须这样'，世上有很多种妈妈，有愿意为了孩子牺牲自己的妈妈，也可以有爱孩子的同时也爱自己的妈妈。"

李宝英的话无疑说出了许多妈妈的心声。养育孩子的标准有很多种。问题的关键是这个标准由谁来定。你有没有底气自己来制定标准呢？在遭受无端的指责时，你有没有勇气为自己辩解："这是我的孩子，我才是孩子的妈妈，我想这样当妈妈，我就可以这样当妈妈。"

虽然这么说，但一定还是有很多朋友觉得不舒服，"道理都对，但孩子跟我不亲，作为一个妈妈还是有点儿难过"。所以，还有一个误解想提醒你和我：你的孩子真的跟你不亲吗？

6

前面说的那位朋友TT，就一直很关注"亲密的真实性"。她并不在意"动物性"的亲密，她认为那只跟自己投入的时间有关，不能说明实质问题。她在意的是真正意义上的亲密。

"虽然很忙，但我仍然会抽出一些时间跟孩子相处，她们看我的眼神以及她们跟我的交流都让我感觉到，我们的心是紧密相连的。而生病不找我，睡觉不找我……嗯……最好不要找我。"

上周末在上海出差，好几天没回家，中途跟小核桃视频，他正在跟爷爷搭积木，全程背对着我。"喂喂喂，我很想你哎。""妈妈，我在玩，我不想你哦。"

儿子的反应让我哭笑不得，我悻悻地关掉手机，只能安慰自己："这孩子课题分离做得真好。你想我是你的事儿，我不需要为此负责。以后进入社会，应该是一个很拎得清的家伙吧。"

周一终于见到他，两个人一起折纸，玩得不亦乐乎。我试探性地问他："我回来你开心吗？""我很开心啊，妈妈。""我出差的时候很想你哎。""我也很想你啊，妈妈。""啊，视频的时候你不是说不想我吗。""不是的妈妈，当时我在玩玩具，我不想你，可我的心在想你。我的心和我，是好朋友。""什么？"儿子的回答令我大吃一惊。

不过，也就在那一刻，我知道那些让我沮丧的"不亲密"已经不重要了。此刻他就坐在我的身边，我们之间的情感流动是真实的。这是妈妈和孩子之间天然的联结。如果不被所谓的"标准"绑架，你偶尔就会看到它。

与此同时，我还想起了以前听到的一句话：我和孩子的世界里没有时间，只有此刻。

（作者：崔璀）

被误解的熊孩子的妈妈

————

1

——•——

假期出去玩，最怕的就是遇上别人家的"熊孩子"……

去年我们公司去越南旅行，旅途中跟两对母子（女）同坐一辆大巴。两位妈妈坐在前排，孩子坐在后排，不停地打闹、尖叫。我们前一晚因为飞机晚点，通宵没睡，一上车就昏昏沉沉地睡了过去，结果没几分钟就被孩子们的尖叫声惊醒。全车人都崩溃了。坐在后排的几个同事忍不住在群里吐槽："他们的妈妈都不管吗！""坐得那么稳当，真的是有熊孩子必有熊父母！"

我赶紧回头看了一眼，两个妈妈都眯着眼睛。说句公道话，她们也不是不管。我被吵醒时，冲孩子们嘘了嘘，示意他们小声一点儿。其中一位妈妈看到后，回头喊了一声："你看，都吵到阿姨休息了。"

这就是妈妈们的处理方式：事情闹得不像话了，她们就站起来制止一次，无外乎重复着说："别吵啦，凡事要适可而止。不要打扰到别人。"孩子们安静了一下，妈妈赶紧转头落座，没几分钟，打闹

104

声又响起来。不是不管，而是没有什么用，好像有那么点儿……敷衍。对这样的家长，我的第一反应是好气，第二反应是好气好气。

王大米说，她带女儿坐飞机之前，会特别担心女儿在飞机上吵闹，并因此打扰到其他乘客，那得收获多少白眼啊。李松蔚第一次带女儿去日本——一个全体国民都习惯了低分贝的国度，在安静的日料店，女儿声音只要高一点儿，他立即挤眉弄眼地提醒，如此重复了几次之后，险些把女儿烦到要暴打爸爸。

每个家长都希望别人喜欢自己的孩子，哪怕不是完美的父母，也会在内心偷偷希望自己的孩子（看起来）是一个完美的小孩。所以，车上那两个妈妈是什么心态呢？她们难道真的对于"全车人都讨厌我的孩子"无所谓吗？她们真的是以"我就是要让我的孩子吵你"为乐吗？

我的第六感是难以置信。两位妈妈的反应让我不禁对她们产生了好奇。吵闹声最大的那个男孩，他的妈妈一直目视窗外，两眼放空，偶尔跟姐妹聊几句，任凭背后鸡飞狗跳，只充耳不闻。只有被烦到不行的时候，才回过头吼一句，然后迅速转身，窝进座位里，绝不多留恋一分。

2

问题已经非常明显。孩子们闹来闹去，其实都是为了获得妈妈的关注。

孩子说："妈妈，什么时候去游泳啊？"

孩子抓妈妈的头发："哇啦啦啦，呼哈哈哈！"

孩子在座位上跳："妈妈，你看！"

孩子摇晃妈妈的脑袋："妈妈，给我讲个故事呗。"

她却脱口而出："妈妈真的很累啊！"

那个时候，我忽然有一种说不出来的滋味。她可能真的累了。而我原本的不满、烦躁，甚至还有几分鄙夷，一下子不知该如何安放。

我其实知道，一个人带孩子旅行很累。那些不知疲倦的小家伙简直是被热情堆砌出来的，他不会给你半分钟喘息——他对任何事物都充满了好奇，你的神经需要时刻紧绷，以防他摔跤或者走丢。好几次在旅途中，我只是低头回了个信息，一抬头就发现小核桃不见了，每次我的全部神经都会瞬间绷紧，各种可怕的想象喷涌而出，直到他蹦蹦跳跳地重新出现在我的视线里，那种忽然松懈下来的心情，就像是刚刚冲刺完成了800米赛跑。他偶尔小憩时会趴在你身上，你一动不动，直至胳膊发麻；晚上要一边洗白天弄脏的衣服，一边叮嘱他，你自己玩一会儿哦。他终于安静下来，睡成一只猫，你难得松一口气，四仰八叉摊开腰酸背痛的身体，刷刷朋友圈，发发照片，正迷迷糊糊打算休息，"猫咪"又突然凑到你耳边："妈妈，我要尿尿。"

每当这个时候，你心里才是真的有千万只猫在挠墙，但是话到嘴边，却只会说一句："好的哦，我们先披上衣服。"

3

——•——

那个自己带孩子旅行的妈妈，在日常生活中想必更多时候也需要独自面对孩子吧。我有点儿理解她了：请父母帮忙照看孩子换来几天解脱，可以安心享受团建的我，一心只想在车上放松地小憩；而她只能通过掩耳盗铃的方式，从妈妈的身份中解脱出来，哪怕一分一秒。她当然希望自己的孩子懂礼貌、温顺、安静——谁不想呢？但这需要我们付出时间，付出耐心，无条件陪伴，讲故事八百遍，单曲循环。

小核桃四岁的时候，最喜欢跟我玩的游戏是骑大马，从我身上滑下去，乐此不疲，每次都玩得满头大汗。当我精力充沛或者只是处于日常的"平静"时，相信我，我都会努力去"爱"。但实话说，天天如此，我撑不住。

生活有时候会让我们低头。王大米说，她有时候一天要开八个会，面试六个人，还有两篇稿子压在手里要写，烦躁到炸裂，马不停蹄地赶工。可孩子却在一旁一直念叨："妈妈，你什么时候写完啊？你怎么还没写完？""哎，这个按键是干吗的，我能按一按吗？""那时候，别跟我说佛系，我要的是二锅头。"王大米两眼放空，跟旅途中那个妈妈如出一辙。"就让我一个人待一会儿吧，我才不管你们怎么看。"这个念头我有过，我猜你也一定有过。那孩子呢？他们敏感得超出你的想象。甚至有些孩子还会追问："你为什么不理我，是不是不爱我了？"

他们尖叫、打闹，只是为了唤起妈妈的注意，这才有了车上的那一幕：妈妈不理孩子，但每次孩子尖叫、互相打闹，直至闯祸，妈妈都会走过来。只要妈妈说一声，他们就会立即安静下来——从这点儿来看，他们很好沟通，懂事听话，但只要发现妈妈转身而去，他们就会变本加厉。

不过是极度疲惫、无力招架的妈妈，和渴求妈妈更多陪伴的孩子。他们相互爱着，却又不知所措。

4

—•—

"你的意思是要体谅他们吗？那谁来体谅我们呢？"同事阿山是个90后，她听明白了我的意思，但明显不太满意。

说得也对。我有个朋友是一个创业妈妈，每天一早出门，晚上10点之后才到家。一出差就好几天见不到孩子。所以，只要有跟孩子独处的时间，比如春节假期的旅游，她都会马上变成一个"完美妈妈"，耐心、包容、全天候陪伴。女儿再怎么作，也作不过三秒。用她的话说就是："她想要什么都可以，谁叫我欠她的呢。"我们笑她是"二十四孝"妈妈。

无限的温柔体贴、百依百顺，这背后是有原因的：一年中的大部分时间，她都在为自己的事业和梦想全情付出。也正因此，难得有跟孩子独处的时间，她怎么腻都不够。

这个方法，我自己也屡试不爽。工作太忙时，每隔一两天，我都会给自己留出半小时以上的时间，躲进洗手间，反锁门。高兴的时候，我会点上香氛，泡澡、做面膜、看综艺，哈哈大笑；疲惫的时候，我会站在花洒下一遍遍地用热水冲洗，直至泪流满面。这是我无比珍惜的半小时，只属于我一个人。

孩子在门口拍打："妈妈，你怎么还没好？妈妈，你在干吗？"刚开始，被这个声音一催，我就忍不住想要打开门冲出去。但我忍住了……如果我想在接下来两小时内精力充沛地帮他洗澡、换衣服、讲故事、骑大马、哄睡，最好不要轻易放弃这短暂的个人时光。再说，家里还有爸爸啊，他听到孩子呼唤和陪伴的声音，是可以顶上来的。

也是因为这样，现在小核桃看到我拿着睡衣进洗手间时，会转头挑几本书去找爸爸，或者自己打开平板电脑。这半小时，也是他们父子俩最亲密的时光。

半小时之后，他会迎来一个天使一样的妈妈，这都多亏了这些短暂的抽离。

5
—·—

所以啊，我回答不了阿山的问题。

不是说那些吵闹不烦人，也不是说我们应该容忍那样的亲子关系。只是要解决这个问题，不是简单地说一声"你们是怎么当妈的"就可以。那需要一个妈妈有属于自己的时间，也需要妈妈之外的人伸出援手。但是我想问，为什么这些压力从来只能由"妈妈"自己来承担?

　　生命由无数的片刻组成，有些片刻叫"妈妈"，也有些片刻叫"自己"。愿你我在成为妈妈的过程中，都能获得贴心的照顾，让我们有时间做一会儿自己。

（作者：崔璀）

老漂妈妈：一边心疼孩子，一边想要生活

知道"老漂族"吗？他们是一群为了帮儿女减轻生活负担，不远千里来到异地他乡帮儿女带孩子的老年人。在城市里，我们经常会遇见他们。在公园里或小区楼下，他们拿着孩子的水杯、食物、小书包，静静地陪伴着在一旁玩耍的孩子；在公交车或者地铁上，他们说着一口不太标准、夹杂着方言的普通话，讨论着家长里短："我儿媳妇那个人啊……""看看我大孙子……"

我们都能注意到这一现象，可未必知道究竟是出于什么原因，才让他们在老之将至时，做出漂泊在外的决定。成为"老漂族"，意味着一种无奈与孤独，还是一种共享天伦的幸福呢？让我们一起来看看下面三位"老漂妈妈"的故事吧。

新疆—天津

@阳阳妈　55岁

女儿是远嫁，从新疆嫁到天津。嫁得那么远，我们作为父母的肯定很担心。所以，她怀孕六个月的时候，我就跑过去照顾她了。

去之前，我心里就挺担心的，过去之后会不会有很多不适应的

地方，会不会忙没帮上，反倒给女儿女婿添很多麻烦。刚到天津的时候，我在情感上的确挺不适应的。除了女儿女婿外孙女外，我也没有其他的朋友。我又是那种特别念家的人，离开家之后，心里总是有一种说不出的失落。人在天津，心却总是会飘回新疆，担心远在新疆的老公和小女儿过得好不好。

我在天津的生活，其实主要就是照顾小孩，也照顾闺女，给他们每天做做饭、干干家务什么的。偶尔也出去转转，但是环境陌生，我也不敢跟人家多说话。在新疆，我其实是个挺外向的人，特喜欢聊天，但在天津我就不太敢。

那阶段是挺难受的。但没办法啊，我女儿和外孙女还需要我照顾，只能慢慢适应呗。只是我可以适应这种在陌生城市的失落感，却很难适应这个城市的气候和习俗。天津的风比较大，有雾霾，我的身体不太能受得了。另外，我在新疆生活了大半辈子，习惯了吃新疆的拉条子、馒头，口味也偏辣。但天津那边主要是吃米饭和炒菜的，口味偏淡，我尤其不能理解为什么有些菜还要加糖。不过为了让女儿女婿吃得更好，有些菜即使我之前没做过，只要他们喜欢，我都会学着去做。虽然过了大半年，但我自己还是不太能吃得惯。所以那个时候我的肠胃总是不太好。

除了在"做饭口味"方面有一些小矛盾，我和女儿在其他地方也会有一些小争执。比如她和我女婿拌嘴吵架时，我就会很生气，想要去管他们，我女儿就不太希望我管。还有就是坐月子的时候，我不让女儿洗头、洗澡，怕她以后留下病根。但她觉得难受，忍到第29天，还是洗了。我也没办法啊，虽然生气，也只能妥协。

除了这些，其他都还好。毕竟是自己生的，说也说过了，气也气过了，之后还是照旧。女儿都是妈妈的心头肉啊。再加上我女婿虽然不太会说话，但人挺好，也蛮孝顺的。

后来因为我母亲生病了，帮女儿带了大半年孩子以后，我就回新疆了。再后来家里要种地，小女儿又开了一个美容店，家里有点儿忙，我就没有再去。因为这个，老觉得对女儿有所亏欠。一想到女婿上班，女儿一个人在家带孩子，心里就有点儿不是滋味。

但说实话，比起有女儿女婿外孙女的天津，我更喜欢待在自己熟悉的新疆。我不知道其他的老漂父母都是什么样的，但我自己心里还是挺纠结的，一边心疼女儿，一边也想过自己的生活。

真的挺为难。人老了之后，也有自己喜欢的生活方式：早上能够睡到自然醒，饮食方面也可以比较随意。我在新疆的生活挺简单，我们家在农村，有自己的地，所以到了要播种、薅草的时候，我就回农村去；其他时候就留在县城照顾老公和小女儿，或者约几个朋友出去聊聊天，逛逛街，旅旅游。在天津虽然有女儿一家人，但没什么朋友，真的挺冷清的。

如果我闺女要是在乌鲁木齐，我早就扑过去帮她照顾孩子了。现在太远了，也是真的没办法。

南京—上海

@吴阿姨 61岁

从我闺女怀孕35周到宝宝上托班，我在上海待了两年半的时间。

这两年半我过得还蛮开心的。人家都跟我说，年纪大了带宝宝身体会吃不消，还要到一个陌生的地方去，肯定很辛苦。但怎么说呢，带宝宝这件事对我来说，真的是一件累并快乐的事情。那种天伦之乐的快乐，真的会让人心里很满足。看着外孙一天天长大，我心里很有成就感。

帮女儿带孩子，一方面是真的喜欢孩子，另一方面也是希望女儿的家庭可以更和谐吧。一开始，女儿没打算让我过去，怕我辛苦。但她婆婆又没办法帮她带，夫妻俩又要上班。这事就变成了一个老大难。

对于"婆婆不帮忙带孩子"这件事，女儿刚开始是有点不高兴的，对我女婿也有埋怨，就觉得"凭啥婆婆就不能帮忙带娃"，但我自己是可以理解的，老人家想要有自己的生活，不想带孙辈，没什么错。可如果这个问题（谁来带宝宝）一直没办法解决，两边都僵着，对三个家庭都不好。所以我就主动说要过去帮她，也一直劝她说："没关系，妈妈喜欢带孩子，你看宝宝多可爱啊。"后来，她慢慢也能体谅婆婆不带娃这件事了。

我自己以前和我婆婆的关系不太好，所以不希望女儿走自己的老路。另外，我也不想女儿在年轻的时候就被孩子困住，导致事业上没有大的发展。

当然，困难肯定也有。毕竟是陌生环境，有时候出门乘坐地铁，我会比较拘谨，不太敢开口。但我这个人属于比较会和人打交道的，所以时间一长也就慢慢好起来了。

关于教育孩子的方式，我和女儿也有分歧。我担心孩子受伤，不太敢让宝宝尝试，但我女儿就觉得应该让孩子多试试。

我自己觉得我在上海的生活还是很丰富的。女儿怀孕期间，我交了十块钱的电池费，跳了一个多月的广场舞。后来女儿生了，我就没去参加文艺活动了，基本以在家照顾女儿和外孙为主。

女儿生下外孙之后，我会带着他在小区里玩。小区里也有很多像我这样的老漂族，在这个城市里，大家都想交个朋友，能够一块聊聊天。所以，我也不会觉得孤单。我们几个关系好的爷爷奶奶还建了一个群，每天会约着带孩子出来玩。

就这样带了两年半，后来外孙上了幼儿园，我女儿女婿晚上可以自己带孩子，我就回南京了。其实对我来说，不管是上海还是南京，我都住得很开心。和女儿生活在一个城市，我能够享受天伦之乐。回到南京照顾老公，和朋友跳跳广场舞，我也很开心。

这两种生活我都喜欢，我认为都可以，你需要我就过去。尤其是宝宝小，儿女又要工作，作为父母，在身体力所能及、经济允许的前提下，能帮的肯定要帮一把。但他们自己有能力解决了，我就回来过我的生活。这就是我的看法。

这两年半印象最深刻的一件事是在女儿坐月子的时候。有一天晚上，宝宝睡不着，一直哭个不停，她不想让宝宝养成"一哭就喂"

的坏习惯，但又心疼孩子，就流着眼泪问我："我是不是个不好的妈妈？"我告诉她说："每个妈妈都爱孩子，你一定会是个好妈妈的。"

宁波—杭州

@李阿姨　65岁

今年是我在杭州的第五个年头。儿媳妇生老大的时候，我就过来了，一直到现在，帮着他们带老二。

我很早就退休了，在家也就照顾一下老头子，没什么事。所以，过来照顾孙子就是自然而然的。我不过来的话，我儿子和儿媳妇没办法上班啊。另外，我们那边，孙子孙女都是奶奶照顾的。

没什么不适应的。宁波和杭州离得近，回家一个多小时就够了。有时候我会带着孩子回去住几天再回来，也很方便。因为近，也不太想家。

我在杭州，每天早上送大孙子上学，然后照顾小的，做饭干家务。到下午四五点，再去把大孙子接回来，接着煮晚饭，等儿子儿媳妇下班回家。

说累也累，说不累也不累。日子不都这样过嘛。我和儿子媳妇在一起的生活还是挺和谐的，因为我不太管他们的事情，主要就是过来照顾孩子。有时候，儿媳妇也会带我出去吃个饭，逛逛商场，但我都不太愿意去，毕竟家里的活儿比较多，干不完，心里总记挂着事，也没什么心情。

也没想过要带到什么时候，毕竟现在二孙子还小。我们老人操劳了一辈子，不就是希望下一代过得好嘛。我现在身体还好，能帮他们带，就多帮帮他们吧。我自己的生活无所谓，也没什么好纠结。儿子和儿媳妇还需要我，我就留下帮忙呗。以后不需要了，我就回宁波去。我就这么一个儿子，他过得好，我也就好了。

在征集的众多故事中，我们了解到部分父母做出"老漂"的选择，主要还是想缓解儿女的压力。儿女的一个眼神、一句话或者一个电话，就让他们踏上了去往他乡的路途。

比起我们"到底要不要父母过来帮忙带小孩"和"父母过来会不会有很多不适应"一类的纠结与顾虑，说不定父母只是在随着现实生活的需求，跟着生活往前跑。当孩子需要的时候，他们就挺身而出；当孩子的困难解决了，他们就回归自己的生活。也许他们做的只是在顺应变化、拥抱变化。

我们并不是鼓励每个老人都做"老漂族"，而是想告诉大家：我们总以为父母迫于我们的要求，才使自己背上了生活的重担，但或许父母的每一个选择固然有客观环境的影响，但更多还是出自他们的本心——也许那才是他们想走的一条路。他们只是在勇敢且坚定地往前走，仅此而已。

（作者：Momself）

"妈妈，不要吃掉我"

1

2019年，摘得奥斯卡最佳动画短片殊荣的是一部叫《包宝宝》的影片。很多人都可能对这部影片不太熟悉，它的价值也被大大低估了。

为什么这么说呢？因为它是皮克斯动画工作室第一位华裔女导演的作品。你如果看了就会知道，这是一部只有中国人才能拍出来的故事。如果你在传统的中国家庭长大，相信也一定能够感同身受。

这部短短七分钟的中国风动画，讲述了一个华人家庭的故事。一位妈妈在家包包子，老公随便吃了几口就赶着上班去了，剩下她孤零零一个人。结果最后一口刚要入嘴，只听"嗷呜"一声，包子飞了出去，长出双手双脚，变成了一个软糯可爱的包宝宝。妈妈孤独的内心瞬间被萌化了，捧着他就是一顿蹭，高兴得不得了。

就这样，她到哪儿都带着包宝宝，又是喂食又是洗澡，简直把他当成了亲儿子。孩子成长的速度快到无法想象。墙上的身高线一天天上升，包宝宝也一天天长大。他变得越来越活泼，开始向往新的朋友。但在妈妈眼里，他还是个需要呵护的小不点儿。因为这世上危险的东西太多，比如足球。

和所有孩子一样，包子到了叛逆的青春期，也开始讨厌妈妈过度的保护。他还有了"隐私意识"，打电话会关上房门，不让妈妈听；偏偏妈妈又没有"边界意识"，为了知道儿子在干什么，甚至会贴着门偷听。发现房门被意外推开的那一刻，包宝宝冷漠地"哐"的一下摔上了门。

为了示好，妈妈精心准备了一大桌菜，期待包宝宝能喜欢。结果他不屑一顾，戴上墨镜就跟朋友出去玩了，气得妈妈一个人把菜全吃了。灯光下她愤怒的身影，就像包宝宝没来前一样孤单。

终于，所有母子间的较量，在撞上同一个宇宙难题之后爆发了。包宝宝居然带回来了一个金发碧眼的女人！她亮出手上发光的钻戒，表示两人已经结婚。而包宝宝更是一回家就打包行李，要和洋媳妇离开。

无法接受的妈妈死死拉住包宝宝不让他走。结果在拉扯时一激动，一口把他吞了下去……

2

其实这部片子最初在电影院播出时，一度引起了轩然大波。很多中国人说自己看到最后无比气愤，儿子不受自己管控，就宁愿毁掉？这种极端的母爱也太可怕了吧！他们完全不懂身边的外国观众怎么还能当笑点直乐。或许是内容过于真实，这部电影还在网上引起了大量观众的热议。

事实上，多少中国式家庭都经历过，或者正在经历《包宝宝》这样的家庭故事？别说养在爸妈身边的孩子了，我闺密小学时爸妈在国外做生意，还要求她每晚六点准时给他们打电话，远程汇报行踪。有一天她妈妈打电话过来，说邻居看见有男同学送她回家。她特别生气："怎么可能！根本没有的事！她怎么能乱说？！"结果她的妈妈若无其事地说了一句："哦，没有最好。她可能看错了，你可千万不要早恋。"她说打那之后，她就更不敢跟异性来往了，这种情况一直持续到现在。读书时不许早恋，等孩子一毕业却恨不能直接抱孙子。从择校、选专业到谈对象，妈妈在她每个人生关口都表现出了强烈的控制欲。

导演石之予也说，这部片子改编自她的真实经历。她妈妈就曾搂着她说：好希望把你塞回肚子里，这样就能一直知道你在哪儿。无疑，包子妈妈的原型就是导演的妈妈。因为爸爸工作忙，石之予打小就被妈妈当成手心里的包子，一刻都不让她离开自己的视线。她在接受采访时说："当父母的爱走向极端，甚至会做出毁掉孩子的行为。"也难怪影片里会出现"妈妈吃掉包宝宝"这样的情节，这是导演对中国式家庭关系的一种理解。

3

—•—

可现实真是这样吗？中国妈妈对孩子的感情能简单地用"控制欲"三个字概括吗？至少我在看《包宝宝》时，感受更多的是心疼与无奈。

《包宝宝》展现了典型的"丧偶式育儿"，包子爸爸的角色几乎全程缺席，孤单的妈妈便把所有情感都寄托到了孩子身上。包宝宝刚来这个家时还很脆弱。作为妈妈捏出来的一只小包子，他一不小心就会瘪下去，是妈妈紧张地又揉又捏，才让他恢复了原状；再瘪下去，立马喂一口肉馅，终于饱满，慢慢稳定下来。

这多像刚出生的我们啊，生下来的时候就带着各种小毛病，害妈妈整日整夜地担惊受怕，她们要多么小心翼翼地照料，才能让我们健康地长大？妈妈担心孩子几乎是一种天性。九个多月的脐带连接，一朝出生离开母体，妈妈们的担心与失落可想而知。

这让我想到有个宝宝学走路的真实故事。一个一岁的宝宝刚开始学习走路，妈妈坐在地上，满意地看着他摇摇摆摆从床这一端走到另一端。走着走着，妈妈开始逗他玩："你真的要走啦？可是你忘了带尿布哦。"宝宝听到后，傻傻地扶着床沿往回走。妈妈被逗得直笑，她把装有尿布的背包挂在宝宝的双肩上，宝宝又继续扶着床沿往另一端走。走到半路，妈妈又说："还有奶瓶也忘了哦。"宝宝听到后又傻傻地返回来，妈妈再一次把奶瓶也放入他的包里。宝宝背上了装满生活用品的背包，再次开启他的旅程。这时，妈妈忽然收起了满意又骄傲的笑容，不禁感叹道："你看，他就这样走啊走。总有一天他会就这样走出去，再也不需要我了……"

希望孩子快点长大，但偶尔也会冒出这种自私的念头，希望他能长得慢一点儿，等等自己。这样复杂的心情，相信很多妈妈都有过。

4
—•—

《包宝宝》的结尾，妈妈在梦中哭着醒来，原来一切都只是她的一场噩梦，而她真正的儿子也回家了。不过现实里的妈妈最后并"没有"，或者说"没能"拦住儿子——他真的在那天收拾完行李后，带着洋媳妇离开了家。

因此，这个梦大概是一个对儿子又思念、又生气、又懊悔的妈妈的内心独白，就像广东妈妈常说的一句气话："生块叉烧都好过生你，叉烧起码还可以吃！"日有所思，夜有所梦……

家家有本难念的经，时间未必能解决问题，但或许能让问题淡化。亲情也并不总在一帆风顺时凸显，更多时候，它还需要磨合。妈妈和儿子最后互相谅解，故事走向了大团圆。有什么办法呢，毕竟儿子不是包子，不容父母捏扁搓圆。他已经是个不再需要妈妈呵护的大人，该放手时就应该放手。

父母面对子女，终究是你站在小路这一端，看着他逐渐消失在小路拐弯处。而他用背影默默告诉你：不必追。回到电影里，第二天，他们一家人围坐在一起，热热闹闹地包起了包子。儿子笨手笨脚，倒是洋媳妇包得有模有样。妈妈忍不住想："这样看来，儿子儿媳好像也会有一段不错的人生呢，哪怕其中没有自己的位置。"

（作者：微微）

孩子的成长总有意外，父母要学的是如何放手

　　八岁的双胞胎女孩儿在青岛海边不幸溺亡，一旁陪同的妈妈却因为看手机没有察觉，以为孩子只是走失。这条新闻让每个做父母的都焦虑了。一些自媒体甚至顺势发文，把矛头指向了"掉以轻心"的妈妈本人：《世界正在惩罚看手机的父母》《妈妈，我不在你的朋友圈》……仿佛要把这出痛失骨肉悲剧的缘由，全都算作母亲的失职，追逐新闻热点的同时也放大了更多父母的焦虑。

　　悲剧当前，还在讲这种怪话的人，有没有人性姑且不谈，即使就事论事，我也想讨论一下，这种观点一旦传播开来，于父母带究竟是利还是弊？

1

　　有人说，这个妈妈按照国外的法律该被判刑。孩子在海滩上玩，你居然在低头玩手机？言下之意——可惜！中国没有这样的法律。我们对父母太放纵了，所以才会有这样不负责的父母，才会发生类似的悲剧。真应该好好管管。

陪孩子的时候不准看手机。好，可以变成一条法律。不就是不看手机吗？可以遵守。还可以再严格一点：不但不准看手机，也不准做任何事，始终要拿一只眼睛放在孩子身上。万一疏忽之下出点儿事呢，对吧？毕竟小的风险永远存在。哪怕他就在小区玩，万一玩着玩着就跑到马路上了呢？万一周围有人贩子呢？

任何事情，都怕这个"万一"。谁也不能保证不存在这个"万一"。如果父母做到极致，就能杜绝这个"万一"的话，哪有父母会不去做呢？

2

—•—

但毕竟"万一"从来都没办法避免。再怎么严防死守，总要送孩子去幼儿园吧，总要上学吧？你大可以选最好的，可以是北京最好的幼儿园或上海最好的小学。但就算这样做了，真的就不会出事吗？

父母把孩子送到夏令营，老师说你走吧，孩子在这里你可以放心。但你不能放心。孩子极大概率是安全的，但微小的风险也同样存在。毕竟你并不完全熟悉这个老师，也不熟悉周围的环境，不知道在这里会发生什么。尽管如此，你还是要对孩子挥手说：再见，要听老师的话哦。

考虑到最近发生的新闻，这个决定并不比把孩子独自放到海滩上安全多少。但你还是决定了。你不得不承认，有些风险是必须承受的。你选择把孩子交给你并不熟悉的天时地利并信任它们，不管怎么辩解，客观来说你都把孩子置于了风险之中（哪怕这风险很小），而这个风险是不可避免的。

任何情况下，都不会有人因为你做了这个决定，就指责你"掉以轻心"。

3

我无意把两件事类比。放手把孩子交给学校与把孩子带到海滩上有本质的不同。毕竟海滩上我们能做的很多。换成是我，一定也会时刻盯着孩子。我知道风险在我手里是可控的：如果我多做一分，孩子就安全一分。

但我想说的是，这个世界上并不全是黑白分明，有时会有所谓"不知道怎样才对"的情况。假如父母把几个月大的婴儿放在海滩上置之不理，那是毋庸置疑的错误，即使被判刑也没问题。但送孩子上学是毫无问题的，哪怕孩子在学校发生了意外，父母也不必承担任何罪责。这都是比较容易判断的东西：黑就是黑，白就是白。但有些事情恐怕始终处于灰色地带。

八岁的孩子在海滩，父母怎样做才对，必须时刻盯着吗？这个问题并不存在一个标准答案。如果说，八岁要盯，九岁才应该放手，那是一个突然的转变吗？如果孩子刚好八岁零十一个月，放不放手呢？衍生的问题是：这种标准（如果存在的话），应该掌握在谁的手里？存在一个公认的"可以放手"的时间表吗？

4

— • —

这里有一个悖论。如果一个妈妈相信，她必须证明"孩子自己可以照顾自己"之后再放手，她就永远不可能放手，也永远看不到"孩子自己可以照顾自己"的那一天。除非她先放手，否则就无法看到孩子的独立。

我们举一个生活中最常见的例子：爸爸妈妈是从什么时候开始放心让孩子一个人上下学的呢？他们要有怎样的勇气，才能相信孩子有能力应对一路上的诸多风险呢？环境不同，各家的答案可能很不一样：有的从小学三年级就开始了，也有的是从初中之后，甚至也有孩子上了高中还每天接送的。或早或晚（哪怕意识不到），每个家庭都会有一个放手的时间。没有充分论证，就是父母觉得"可以放手"了。

这个过程真的非常微妙。刚开始放手时，父母心里必然会惴惴不安，还要思前想后：真的"可以放手"吗？我凭什么这么笃定？我要怎么保证没有一点儿问题？路上那么多车、那么多坏人，万一发生什么意外呢，对不对？真的，现在放手太冒失了，毕竟他从来都在我的保护之下……这么一想，是不是立刻就头大了？

无论孩子实际年龄有多大，这些风险都必然存在。如果深挖下去，父母难免都有一些不安。毕竟他们要尝试做出一些改变，却又没有十足的把握。但是没办法，如果不尝试，永远都不可能有把握。

5
—·—

现在我们要做一个利弊权衡：一边是放手，放手会带来自由，但也有不可避免的风险；一边是严防死守，似乎这样就消除了风险，或者至少可以免于被指责。

孩子长到几岁的时候，父母才可以把视线偶尔从他们身上挪开，做一些自己的事呢？一岁肯定不行，十八岁肯定可以。还能更明确吗？这同样也属于灰色地带。不同的家庭也会得出不一样的结论。八岁会不会太早了一点儿？也许吧。唯一可以明确的是，不管孩子几岁，这么做都是有风险的，只是一岁的时候风险极大，十八岁的时候风险较小。几岁的时候风险最合适？只能自己看着办。但不存在没有风险（或者，可以不被指责）的选择。重复一遍：不存在可以不被指责的选择。

6
—·—

我八岁的时候，下楼去院子里玩，跟大人说一声就可以了。父母顶多嘱咐一句"注意安全"，就继续忙自己的，该做饭做饭，该收拾房间收拾房间。等到饭做好了，站在窗台上吆喝一声。我在下面应着就上楼了。有时父母还让我帮忙买盐买菜。一个那么小的孩子天天自己过马路，没出意外肯定是因为命好。

现在想起来，我的父母也真是心大。按照今天的标准来看，他们的行为是不是也够"判刑"了？万一要是出点儿什么事，世界是不是也在惩罚埋头做饭的父母？但在那个年代，这就是标配。

今天，我也不敢让孩子离开大人的视线。我认识的大多数父母，也很少会让几岁的孩子独自出门。我甚至知道有很多孩子，从出生到十几岁，没有一刻离开过大人的视线。难道现在的治安状况比几十年前糟很多吗？倒也没有。只是我们对风险更敏感了。

现在，我想说说意外。意外就是发生在某个人身上的小概率的风险。意外的发生大多都是不幸的。我们知道坐飞机有风险，但我们还是会坐。偶尔，我们会听说坠机事故，然后为遇难者哀伤。他们的遭遇也可能发生在我们每个人身上。如果有人说"以后再也不要坐飞机了"，我们也能理解这种心情。但我们也知道，他只是说说，以后遇到非乘坐飞机不可的情况，他多半还是会接受的。

在一定程度上，别人的悲剧会警醒我们，但却无法改变问题的本质。在这里，本质问题就是风险。我们需要坐飞机，可是坐飞机的风险始终存在。一些人会因此减少乘坐飞机的次数，航空公司也可能采取相应措施，排查事故原因，提高安全系数。不过我们知道，坐飞机很方便，而意外的发生也只是小概率事件。对于意外，我们把自己能做的做到最好就够了。

7

— • —

对于父母来说,"做到最好"是多好呢?是否有足够的条件,让我们能二十四小时盯着孩子?盯到多少岁才能放手?放手之后,仍然存在微小的风险怎么办?这是每一个父母必须思考的。而这些问题,从来都没有一个简单的答案。

我见过一些人小心翼翼,试图避免一切风险,结果还是出现了意外。我也见过一些人大大咧咧,却一次次有惊无险。这样的例子能讲出很多,当然,相反的例子也能举出更多。但这些什么都不能说明。既不能说"只要不看手机,就绝对没事",也不能说"听天由命吧,反正你也控制不了"。有些事是你能做的,那就去做,剩下的顺其自然就好。谁也不知道未来有什么在等待自己。

8

— • —

回到养孩子这件事上。无论是以什么方式,孩子总有一天会独立,而父母总有一天会放手。我非常确定,大方向一定如此。但我相信,这个过程中会发生大大小小、数不清的意外。不过我们可以尽一切努力,让这个过程变得可控一点儿,再可控一点儿,然后再放手。

对这个过程中的一切不幸,我们应该致以同胞之间的哀悼,而不是指责。指责并不会让我们活得更好。世界不会惩罚看手机的父母。世界没有有意惩罚谁。如果非要说惩罚的话，只能说世界在惩罚每个人。每个人都笼罩于未知的阴影之下，却又不得不努力向前走。

（作者：李松蔚）

放飞自我，才是我最想要的母亲节礼物

1

母亲节之前的一周，我就战战兢兢地等着这天的到来，其间还会不时在脑袋里预演一遍当日的场景：以为我对此一无所知的女儿会突然跑来对我讲，"妈妈，今天是你的节日哦，母亲节快乐"，而老公则在一边笑。

这时你的演技一定要好，如果没有表现出"天哪！原来今天是母亲节"的惊喜，她可能会略显失望；你最好在惊喜之余略带娇嗔，这样她就会送上母亲节礼物（可能是纸花或者自己涂的卡片），也许还有一束康乃馨（尽管我真的不太喜欢这种花！）。你要尽量表现出收到礼物的激动心情：太开心了！女儿好棒！妈妈要哭了！尽管不必抱起女儿转上三圈（可能也抱不动），但还是要浮夸地表示一下。然后，这天可能全家要正式吃个饭，表示对母亲节这个节日的重视。

没有什么不好，过节嘛，开心最重要。但这套流程似乎需要我这个老母亲配合演出，从早上假笑到晚上，还不如普普通通带一天娃来得轻松。

"你就知足吧！"这时头脑里又有一个声音对我说，"得了便宜还卖乖！"也对，有老公、孩子以及稳定的生活，还有母亲节这么隆重的节日。全家都想着你。这样都还不知足，恐怕会遭雷劈吧。

但我的心里还是有一种不同的声音。

2
—•—

周中跟琼姐约周末带孩子一起去喝下午茶，被她顶了回来："浪什么浪，周末可是母亲节！""啊？母亲节不能浪吗？"琼姐哼了一声："你们孩子的幼儿园没有布置什么作业吗？我儿子反正跟我说了，母亲节那天他要给我洗头。"我仿佛穿过屏幕，看到了琼姐翻到天际的白眼。

琼姐的儿子上小学三年级。那一刻，我仿佛看到了我的未来。"洗头……总比洗脚好，我记得以前还有给父母端洗脚水的。"我只能这样安慰琼姐。琼姐冷笑："洗头也好不到哪儿去吧，洗完头浴室难免要被泡泡水渍搞得乱七八糟，最后还不是我来打扫。还得假装感恩与幸福。要是真的感谢我，就让我安安静静做个美女不好吗？""让你老公打扫就行了啊。""他周末要陪客户打高尔夫。鲜花都给我提前买好了，一大束，好几百块钱呢，卡片上还写着母亲节快乐。我能说什么呢？人家已经做得很到位了，是不是？"我无言以对。"哎，你说，"琼姐沉默了一下，"我们这样是不是不太好？""怎么了？""一副不知足的样子。他们明明都是为我们好。""好像也对,挺好的。"

话是这么说,心里想的却是:好个鬼啊!如今的母亲节似乎越来越鸡肋。商家拿来促销,社会借此呼吁大家歌颂母爱,学校也教育孩子要在母亲节感恩母亲。若是在平时呢,难道就不用感恩,不用爱了吗?

3

其实幼儿园也好不到哪里去。接女儿放学的时候,听大班的孩子家长唠嗑,说今年学校让孩子提前跟爸爸说,让爸爸去问妈妈想要什么,然后由爸爸买好礼物,再以孩子的名义送给妈妈。这不,周五妈妈们都齐刷刷地出现了,应该是要当着大家的面,表演一下"收到宝宝的礼物好惊喜、好感动"的仪式吧。

请问这是在干吗?到底是孩子感谢母亲(用爸爸的钱,这一点值得肯定!),还是学校与社会感谢母亲呢?你或许会说这是教育的一部分,学校在教孩子要爱妈妈。我不同意。我相信什么都可以教,唯独爱除外。如果真的不爱,"教"就能让一个人学会爱吗?教给孩子的只是"买礼物"这个动作罢了。

买礼物固然没什么问题,收到礼物的人也会开心。但不是说有礼物就有爱了,礼物从来都不是爱存在的基础。如果我是孩子,我就会问:"为什么要送礼物呢?"有人可能会回答:"因为是母亲节啊,你个笨孩子。"但这个答案并没有回应我的问题。母亲节……母亲节又是什么？

有人会说，母亲节是用来感谢母亲的付出的。可事实上，我并未觉得自己做了多么伟大的贡献。当妈也没人逼我，这是我自己的选择。所以我不明白，他们到底在感谢什么？幼儿园的老师感谢我，难道是因为我生孩子提高了国家的生育率吗？如果是这样的话，那大可不必。至于我的女儿，就更不用道谢了。难道她要感谢我生了她吗？问题是我把她带到这个世界上也从未问过她是否愿意。现在要说"你应该感谢我，因为是我带你来的……"总感觉自己没什么资格。

对女儿来说，我这个一心扑在职场上搏斗的妈妈并不是一个好妈妈。每年她的感谢反倒让我产生一种"我做得没那么好，你何必勉强自己入戏那么深"的羞愧感。也或者，因为女儿的感谢，我会在接下来的一两个星期里表现得勤快点儿？对家庭投入得多一点儿？好吧，这倒是母亲节的一个积极意义。它成了一个闹钟，每年到了这个时候都会提醒我："你有没有达到社会对一个好妈妈的普遍期望呢？加油哦！别忘了，你的孩子可是给你送了礼物的。"

4

——•——

在我看来，如果真的爱一个人，应该尊重那个人的想法。比如到了母亲节，最好有人愿意陪我聊一聊，让我可以说说这一年里想说但从未说出口的话。

其实我和很多妈妈一样，也喜欢收礼物，毕竟谁不想有更多自己喜欢的东西呢。只不过比起在节日里收礼这种形式主义，作为成年人，我更想要一些更加实际的理解、帮助与分担。作为母亲，我很乐意跟孩子待在一起，但也更希望有自己的时间和空间。我希望孩子的成长和我自己的成长可以同步。我不认为在特定的某个节日表示祝福很重要。

在这里，我很想告诉我的老公（如果一定要有人表达谢意，我希望是老公）：如果真的觉得我当妈妈很辛苦，真心实意想感谢我生养了孩子，不如在日常多给我一些小恩小惠，哪怕是每天带女儿起床，让我可以多睡半个小时也行。当然，也可以由你安排，我们俩坐下来喝喝酒、聊聊天，或者像以前一样来一场两个人的约会。整天围着女儿转的我们，有多久没有单独相处了呢？我希望母亲节不仅提醒我我是一个妈妈，也能让我正视我还是独立的自己。

换句话说，要是母亲节让所有妈妈的生活都变成"用364天当女奴，换来一天做女王"的话，那就没有必要了。过去生活条件受限，母亲总是万事以孩子为先，好吃的给孩子留着，有一点钱先紧着孩子花，这种做法确实令人感动。但时代在变化，现在一个妈妈如果既想给孩子最好的，也不想委屈自己，抑或拒绝为了孩子失去自我，那也无可厚非。

我知道现代人都很忙，可能既没有时间也毫无兴趣听一个老母亲唠叨。大多数人可能想的是：哪有那么多时间听你说话，你就说母亲节想要什么，我直接送你一个礼物，多省事啊！

那好。如果"听妈妈说话"是一个奢侈的选项，那就送礼物吧！至少给我一整天的假期，让我可以"远离"孩子与老公，短暂地放飞一下自我。毕竟，放飞自我才是我这个母亲最想要的母亲节礼物啊！

（作者：Momself）

第四章

母亲的方法论

孩子，我最想教你的是"爱自己"

"如果我变成了一个大怪物，你也爱我吗？"
— • —

这是小核桃一天晚上问我的话。事情是这样的。闲聊的时候，我问小核桃为什么喜欢我，他随口说："因为你漂亮，所以才喜欢你啊。"我于是追问："那如果我不漂亮了呢？"他说："那就不喜欢了啊。"我没想到是这个答案，跟他说我不太开心。"为什么你不开心啊，妈妈？""就觉得你对我的爱是有条件的。""什么叫有条件？""如果我跟你说，有一天你变得没现在可爱了，我就不喜欢你了，你是什么感觉呢？"他想了想，像是懂了什么，说"那我也不太开心"。"嗯，不过没关系啦，我想让你知道，不管你变成什么样，我都爱你。"

说完，我打算结束睡前谈话，准备去睡了。过了一两分钟吧，他突然又问我："妈妈，如果我变成了一个大怪物，你也爱我吗？"大怪物恐怕是他的世界里最可怕也最让人讨厌的东西了。我说："是的，我也会爱你。因为你是小核桃。"他安静了，我以为他睡着了。过了一会儿，他很轻很轻地说了一句："哇。"

这下轮到我不淡定了。我诧异的是，难道他不知道吗？我算是很"恬不知耻"表达爱的那类妈妈了。他应该是知道的啊。为什么他觉得如果他变成大怪物了，我就不再爱他了呢？

孩子，我最想教你的是"爱自己"

第二天休息，姥姥想让小核桃下午去学画画，他想在家里玩。姥姥说："去画画，都跟人家约好了！"小核桃反抗着："我不要！"姥姥说："在家里待着，一下午时间都这么浪费了！"小核桃继续反抗（弱了一些）："我不要！"

几个回合之后，两个人也没争出个结果。我把小核桃拉到房间里问："姥姥想让你学画画，有错吗？""就是她错就是她错！我不想去！又不是一定要去！"他可逮着这个问题了。

"姥姥想让你多学点儿东西，她没有错。"我跟他说。他一双小眼睛看着我，没说话。"那你想去玩，有错吗？"我再问。"那就是我错了喽……"他故作一副老气横秋的模样。

我忽然发现，原来就是在这些瞬间，他不断接收着"我错了，可能是我不好"的信息。于是我告诉他："你也没有错啊，姥姥也没错，只是你们要的不一样。"他停了一会儿，笑了，看上去还挺高兴。

隔天早上吃完饭，手里端着餐盘，汁水滴下来，我就想让小核桃帮我拿一下纸巾，刚好他在玩变形金刚，没搭理我，我又喊了一句。"我不去。"他头都没抬。我脱口而出:"你怎么这样啊!连拿张纸巾都不愿意!"话一出口,就觉得自己"不该这么说",这不就是在否定他,削减他的安全感吗?这不就是大量育儿文章里说的"别对孩子做这五个动作,否则你将遗憾终生"的遗憾本人吗?

可是怎么办,我当时真的很不高兴,我照顾他吃喝拉撒,他连帮我拿纸巾都不愿意。生活就是这样,前一秒还优雅自如,觉得自己可以掌控一切,下一秒就被打回了原形。我收拾完餐具,洗完碗,还是很懊恼。小核桃噔噔噔地跑过来:"你还要纸巾吗?"我没好气地说:"不要了!"

他仰起脑袋,盯着我:"你没有错,我也没有错,只是我们要的……"他故意放缓节奏,像我平常对他一样,等着我跟他一起说出最后三个字:"不一样。"后来在我们家,但凡有争执,就会有人说这句话。

小核桃很喜欢这句话,每次说都笑眯眯的,我知道,他感觉到了某种轻松。那种轻松,是因为他确认了一个信息:"我拒绝了妈妈(姥姥、姥爷、爸爸),但是我没有错,我很好。"终有一天,他会离开我们的保护,如果能留给他什么,我希望是"爱自己"。

懂得爱自己的人,在职场更出色

每个人的快乐,都来自"爱自己",因为只有这样,才能真正得到"自信"。

我有个闺密露露，每次谈恋爱只要过了热恋期，就开始反复作，找各种大事小事。她自己对此的解释是："我也知道有时候很过分，但我真的很想确认，不管我怎么不讲理，他都会一直爱我，不会离开我。"

职场上的露露们也常常怀疑自己："我要是没做好同事该不信任我了吧，好害怕，好不自信。"因为这种不自信，她们会长时间处于一种纠结、痛苦与不安的状态。而且，你要花格外多的精力和时间去照顾露露们的情绪，因为她们特别脆弱。

我刚开始创业时，有个资深HR朋友就劝我要找从内而外皮实、韧性强的人做同事，否则我会感到被消耗。印度瑜伽士萨古鲁有一段话我很喜欢："关系之所以成为问题，是因为我们不是用它来提升生命，而是试图用它来填补生活中的空白。如果你的关系是为了从某人身上获得什么，那么不管你怎么去经营，总是会麻烦不断。"

那"爱自己"的人是什么样的呢？他们往往状态稳定，思路清晰，目光坚定，情感充盈但不凌乱。我在职场也碰到过懂得如何"爱自己"的人，尽管为数不多，但是都给我留下了极深刻的印象。工作出错（谁工作不会犯错呢）时，他们会说："的确是我没处理好，那我们看看怎么改。"遇到挑战，别人本能地回避，他们嘴角会浮现一丝邪魅的笑意："试试看吧。想想还有点小激动呢。"跟他们共事总觉得很顺畅，现在我才意识到，之所以顺畅，是因为你不用担心还要去照顾他们的自尊心。他们的自尊心强着呢，这点儿小困难还不够格打击他们。

那些失败的爱情，让我懂得 "爱自己"
—•—

美国作家特蕾西·麦克米伦有一个超火爆的演讲，叫作 "最好的结婚对象其实是你自己"。这个离过三次婚的女人在演讲中说，她每一次都跟错误的人结婚（虽然这些人说不上糟糕，甚至都还不错），直到她意识到 "为了有一段美好的感情，我几乎和眼前所有的人都结过婚，却唯独没有嫁给那个我真正应该嫁的人"。"一旦我嫁给了那个应该的人，我所有的感情都将是成功的，包括那些中途夭折的感情"，然后她告诉大家，那个人就是 "我自己"。

特蕾西的妈妈是个酗酒的妓女，爸爸是个罪犯，而她在三个月大的时候就被送到了一个寄养家庭。九岁之前，她在二十多个寄养家庭中生活过。从那样的童年中一路走来，她只有一个目标，就是永远不被抛弃。她觉得达成这个目标的方法就是结婚。但结果显而易见，她接二连三地失败了。

幸运的是，三次失败的婚姻让特蕾西意识到："我觉得我的生活一直是缺失的，如果开始一段新的感情，我就会寄希望于对方满足自己。但事实是，这会消耗彼此。只有跟自己建立关系，男人、女人、工作、环境，才不会对你有任何影响，因为你不会寄希望于那些会让你更加完整，因为你已经完整了。"

她说，意识到这一点改变了她的人生。为此，她还宣读了 "跟自己结婚的誓言"：

（1）你将嫁给你自己，无论贫穷还是富贵

这句话是说，你将毫无保留地爱自己。你不能说，等你去过了好莱坞，我才嫁给你；你也不能说，等你瘦了十斤我才会爱你。

（2）你将嫁给你自己，无论环境好还是坏

这句话是说，你不能在情况比较好的时候，比如你今天做了一个很满意的发型，才爱自己。在更坏的情况下，在人生辜负你的时候，比如无家可归、没有喜欢的工作，或者刚跟你妈吵了一架……无论什么情况，你都会陪在自己身边。

（3）你将嫁给你自己，无论健康还是疾病

这句话是说，你要原谅自己所犯的错误。你要学会坐在自己的床边，握着自己的手，安慰自己。你知道你可以依赖自己。

最后，特蕾西跟大家说："我带着自己去了高山和海底，然后跟自己说，我永远都不会离开你。"

我希望有一天，小核桃不只是确定"我变成一个大怪物，妈妈也爱我"，他确定的是"我变成一个大怪物，我也喜欢自己。那一定是世界上最可爱的大怪物"。

（作者：崔璀）

妈妈发了脾气也不必内疚

1

—•—

朋友慧姐问过我一个问题："孩子不听话的时候，总是忍不住想要发火怎么办？有没有具体的解决办法？"

关于这个问题，我一度感觉有很多话可以说。可当我调动记忆、组织语言，写了很长一段话之后，又全部删掉了。因为我发现，关于这个问题，我好像真的没有更好更具体的解决办法。在我看来，面对不听话的孩子，忍不住发火是一件非常合乎情理的事情，不需要强行改变什么。

我也曾收到过一位妈妈关于这方面的求助，她说：

我是一个五岁男孩的妈妈。我非常非常爱我的儿子。我是高龄产妇，结婚好多年一直都没怀上，好不容易才有了儿子，就希望能把最好的都给他。可最近也不知道怎么回事，他变得越来越不听话，性格也变得很差。就说吃饭这个事情吧，每到吃饭的时候，他总是不好好吃饭，我和他姥姥哄着骗着才能吃一两口，有时候他不高兴还会直接把碗扔了。

还有就是看动画片，我们家规定他每天只能看两集，看完就要睡觉。但他每次看完两集，还闹着要继续看，你不给看，他能闹一晚上。火气一上来，我真是控制不住，凶过他，也打过（轻轻地），可每当看到他真的被我吓到了，哭得上气不接下气的时候，心里又会很愧疚，觉得自己不是一个好妈妈。毕竟他还小，还是个孩子，而我是个大人啊，应该多一些耐心。

可下次他又不听话的时候，我的情绪还是会失控。现在很多关于育儿的文章不是都在说"妈妈情绪稳定对孩子非常重要"吗？我就很担心这样的自己会不会给孩子留下阴影。有没有什么办法，可以帮帮我呢？

曾经的我也和这位妈妈一样，认为一个好妈妈的标准，就是要控制住自己的情绪，不要对孩子发脾气。怀孕期间，看了许多《一个情绪稳定的妈妈，是一个家庭的福音》《有一种幸福，叫作"妈妈情绪稳定"》《赢在起跑线的孩子背后，都有一个情绪稳定的妈》一类的文章，我也曾对着肚子里的宝宝信誓旦旦地保证："我一定要做一个好妈妈，做一个不会对孩子发脾气的妈妈。"

但理想很丰满，现实很骨感。真等到孩子呱呱落地，彼此斗智斗勇五年之后：苦口婆心哄了一个多小时，她还是一口饭都不肯吃；刚收拾好的玩具，一眨眼的工夫，又被她丢得到处都是；在商场，不给她买喜欢的东西，就哭着闹着抱着我的大腿不肯走……我才深刻地体会到，做一个情绪稳定的妈妈，到底有多难！

2

— • —

在《妈妈是超人》里，包文婧也对无理取闹的女儿包饺子发过火。半夜12点多，包文婧问不肯睡觉的饺子："你睡不睡？"饺子一边把头摇得跟拨浪鼓似的，一边喊着："妈妈，妈妈。"包文婧压着怒火和女儿沟通："你为什么不睡觉？几点了？你自己看一眼几点了。"饺子崩溃大哭，边哭边向客厅走，嘴里还不停喊着："不要不要。我要看电视。"包文婧渐渐失去了耐心，但她还是继续和女儿讲道理："都说了好几遍了，小孩子不能这么晚睡觉的。你怎么一点话都不听呢。"饺子依旧边哭边嘟囔着："不要不要。"包文婧实在忍无可忍，一气之下把手边的玩具"砰"的一声扔到了地上。"不要是吧，不要都扔了吧。"饺子一下子被镇住了，停止了哭泣。

这个片段一度让包文婧遭了不少黑，尽管她随后面对记者的采访时也解释说："当时真的很烦躁，我其实不想训她，但她不停地哭，我很头疼。但也确实觉得自己脾气发大了，我做得不对。"

可节目一播出，网络上还是有一堆吃瓜群众纷纷指责包文婧不是一个好妈妈。可在我看来，虽然这种发火的方式不一定正确，但那真的只是一个妈妈的正常反应啊。

面对那个一不满意就哭闹不止、不管时间地点的小生物，妈妈们每一天都处于暴躁和崩溃的边缘。怀孕期间给自己做的那些心理建设，说不定早就消失殆尽，取而代之的是一种深深的无力感。但比起这份无力感，我更难以处理的，是情绪发泄之后，那份对孩子的内疚感。

3

———•———

女儿三岁多的时候，我的生活里一度充斥着这种内疚感。她不听话时，我总是忍不住发脾气。最内疚的一次是我带她回老家。在高速公路上，她哭闹着非要下车。我一边开车，一边还要安抚她的情绪，真的是焦头烂额。

一两个小时过去了，我的耐心完全被消磨掉了，但她毫无停下来的迹象。我忍无可忍，怒吼了一句："你再闹，我就把你一个人留在这里。"女儿听到我的话，立马就安静了，只是还在小声抽泣。等我们到了老家，我叫她的时候，发现她已经在后座睡着了，脸上还带着眼泪。那一刻，我的内疚感爆棚，脑海里自动蹦出了一句话：你真的不是一个好妈妈。

因为这份内疚，我一整天都有点儿闷闷不乐。堂嫂知道情况后，安慰我说："妈妈也是普通人啊，发脾气只是一种正常的情绪宣泄。""可是，我担心她会因为我的坏情绪留下阴影啊……"我的话还没说完，堂嫂就大笑起来："哎呀，别杞人忧天了。你又不是每天都对她发脾气。你女儿刚才还在说最爱的人是妈妈呢！这些年你对她的好，难道还抵消不了这一点儿小伤害吗？"

这些话点醒了我，让我瞬间豁然开朗。也是，我只记得自己对她发脾气的样子，却忘记了我陪伴她度过的每一个快乐的瞬间。我们日常的交流有那么多，我用一百种方式去对她好，可唯独记住了那一丁点儿对她的伤害。

堂嫂看我脸色好了一些，半开玩笑半认真地说："而且，这哪儿算什么伤害啊，我看你啊，就是觉得自己完美妈妈的形象破灭了呗。"我忍不住辩解："我怎么可能是在意自己的形象。我是真的担心孩子啊。"堂嫂指了指不远处的女儿，对我说："你女儿没那么脆弱，你看她这会儿蹦蹦跳跳笑得多开心。倒是你愁容满脸。"

我顺着堂嫂的视线，看到了正和小伙伴玩得不亦乐乎的女儿。我忽然意识到：孩子真的没有我们想象中那么脆弱，那一点儿伤害也不会影响孩子对我们的感情。我们的内疚感可能真的来自没办法满足自己心目中那个"完美妈妈"的形象。

4

所有的父母都是凡人，都有不完美的地方。可那又怎么样？谁规定了我们都必须要做"完美家长"呢？谁说只有"完美家长"才能带给孩子快乐和幸福呢？

有时候，一味地想要修复"完美家长"的形象，反而对孩子是一种伤害。因为当你为自己对孩子发脾气而感到内疚时，你可能会想用另一种方式弥补。比如，你对闹着要买新玩具的孩子发火后，看着可怜兮兮的孩子，心中充满了内疚。结果等到第二天他想要多吃一点儿零食时，你就很可能会退让，因为你觉得这是为你昨天不当的行为做出的补偿。可这样的做法，恰恰不利于孩子的成长。它会让孩子觉得你的界限是摇摆的，是可以被打破的。孩子可能会因此不断地试探，直到踩到你的底线，而到这时候，你又会忍不住对他发火。

那面对没办法控制情绪的自己，到底该怎么样做呢？首先，我们要明白：每个人都有情绪宣泄的需要，这很正常。妈妈也不例外。其次，要学着接纳和拥抱自己。当内疚的情绪跑出来的时候，当它对你说"你不是一个好妈妈，你很失败"的时候，千万不要被带跑，而是要学着去接纳和拥抱那个破碎但真实的自己。最后，等情绪真正平复之后，不要用另一种方式补偿孩子，修复自己"完美家长"的形象，而要告诉孩子："妈妈当时真的很生气，也很难过，因为你做的这件事情伤害了……但妈妈必须要向你道歉，我不该对你发脾气，你能原谅我吗？"

每个人都不完美，但每个人都可以选择真实，真实地接纳自己的美好和破碎。只有妈妈能坦然接纳，孩子也才能明白："我们不需要完美，只需要真实地表达自己。"

（作者：图图）

妈妈不焦虑，孩子也会更快乐

1

我有两个女儿，大女儿叫今时，代表着现在。二女儿叫令时，意思是美好的时光。在她们出生之前，旅行是我最喜欢的事情之一。有了孩子之后，我也一度疑惑：孩子还这么小，能否带她们一起长途旅行？我试图从书里找到答案，但是你知道，没有一本书可以教会你怎样做妈妈是完全正确的。于是我想，唯一的途径就是自己去尝试。

就这样，姐姐从很小的时候，就被我带着东奔西走。每次旅行回来，朋友们都会很关切地问："孩子能适应吗？没生病、哭闹吧？"我都会回答："我们俩都很享受这个过程。"事实也如此，每次旅行回来，孩子都有新的收获。

妹妹即将出生之前，我大着肚子带姐姐去美国待产了四个月。第一次出国的姐姐没有我想象的害怕，反而很兴奋。去幼儿园的前一天，我有点焦虑，做了十多张卡片，认真地教她如何应对吃饭、上厕所、睡觉等情况。结果回来之后，我发现她一张都没有用到，还融入得格外好，靠指手画脚，甚至还交到了一对非洲裔的双胞胎姐妹朋友。那时候我发现，孩子的自我成长能力往往超乎妈妈的想象，而父母许多的"焦虑"其实都是自讨没趣。

妹妹两个多月的时候，我用腰凳带着她去了内蒙古草原，风沙当时吹得小小的人眼睛都睁不开了。但是我不后悔带她一起旅行，之后每年也都会三人一同出游，有时候甚至还会"逃学"（跟老师请假），真正践行着她们名字的含义：享受当下的美好时光。

这些从小的训练让她们从不害怕跟各种人打交道，在公共场合也勇于表达自己。放下过度保护和焦虑感的我，相信她们的抗压能力，也相信丰富的生活可以带给她们滋养。

2
—•—

有朋友会问，经常逃学，功课落下了怎么办？孩子升学怎么办？学习确实是所有家长都无法回避的问题，从姐姐很小的时候，身边的朋友们就给我推荐各种早教课程，称其能促进孩子的智力发展。

起初我也带着姐姐去体验过，结果看到孩子们被关在小小的房间里，或者眼巴巴地望着眼前陌生的知识，或者面无表情，下课后却如同从牢笼中解禁一样，我的心里觉得很不舒服。

我花了三十年的时间才从应试教育的牢笼中解脱，不想再把自己的孩子也亲手送进去。于是，我成了朋友中最"懒"的一个妈妈：从来不催孩子上补习班，让姐姐以文盲的状态去上小学。公立教育所教都是常识，长大了总能学会，如果不是冲着诺贝尔奖，又何必要争取第一名?

尽管没有去过补习班,但我还是会适度地让孩子去参加一些她们真正喜欢的兴趣班,比如画画和芭蕾舞。姐姐有时候周四要去上舞蹈课,学校里的作业没做完,我都会帮她推掉。总之以她快乐为原则,学习才有意义。

除此之外,在生活中,我也一路"懒"到底。姐姐从小一直坐在教室的第一排,挑食、饭吃得很少,个子小小的。跟她差不多大的孩子,很多都被带去测骨龄或者微量元素。我说服自己按兵不动,抱着一种迷之自信:她只是比较"晚长"而已。令人欣慰的是,最近收到学校的体检报告,发现这个一直在班里坐第一排的小孩,身高与体重居然达到了"中等",事实证明我没有揠苗助长是对的。

3
—·—

我之所以对"牢笼"的感受这么强烈,大约跟我的成长经历有很大关系。我曾经走过很长一段弯路,后来用尽了全身力气,才找到了正确的前行方向。

我的父亲是大学教授,对我的控制欲一直很强。他会把他认为的"成功"强加在我的身上:成绩一定要优秀、思维一定要理智、大学一定要选建筑专业、毕业后一定要去建设局……虽然一直照着父亲给我安排的路走,但我从未觉得快乐。其间我也做过许多抗争,可惜大部分都失败了。

　　直到有一天，我意识到我已经成年了，是时候做出一些改变来成全自己。于是我辞去了建筑设计师的工作，去了一家出版社，开始了我最热爱的写作生涯，我的生命似乎重新有了各种颜色。那一刻我发现，我最爱做的仍然是很小的时候我非常热爱而父亲不同意的那些事情。

　　这一点让我时刻警惕并告诫自己：以后有了孩子，一定要尊重他们的感受。因为当我们试图让孩子做得更好时，其实就是在给他贴上"不够好"的标签；当我们要求孩子考第一名时，其实是在对他说："你为什么不够聪明，这么愚蠢。"或许我们没有这么说，但是孩子却接收到了这样的信息。

　　我放下了心中自私的期待，不要求她们一定考到什么样的名次，不为她们规划一定要成为什么样的人。我甚至想象过，如果将来她们长大之后跟我说，妈妈，我做个木工也很快乐，那么我也会衷心地为她们鼓掌。尊重和相信，会让孩子发光，让她们感受到自己的价值。

4

—•—

　　有时候妈妈们会觉得自己学了很多技巧和知识，可还是教育不好孩子。我也不例外，我喜欢读书，育儿和心理学的书常年放在手边。然而，看的书越多，我越察觉到，教育孩子最大的技巧其实是"身教"。

比如妹妹在画画时，姐姐总是会在一旁不遗余力地夸赞，哪怕纸上只是一团乱麻。我想这些源于在姐姐画画时，我大多时候也都会给予她赞美和鼓励，而不会说"这样不对"。

这样的举动同样给妹妹带来了积极的影响。每周一下午是妹妹幼儿园固定的演讲时间，她第一次参加回来，我问她感觉怎么样。她说："我有些不好意思，不过还是勉强坚持讲完了。""那你觉得你们班哪位同学讲得最棒呢？"我接着问道。"我最棒，其他同学也都很好！"既自信，又能看到别人的优秀之处。这正是我理想中跟孩子们的相处模式。

5
——•——

从女儿很小的时候开始，每天晚上我都会跟她们一起读绘本，而这些绘本大部分内容都是关于"爱"的。

她们从绘本里学会了很多。姐姐最爱的书是宫西达也的《喵呜》，讲了三只小老鼠和一只看起来很凶恶的猫的故事。因为有爱，天敌也可以成为朋友，因为有爱，凶悍的猫也变得柔软、友善了。爱是孩子们终身要学习的课题。我试着把爱贯穿在家人所有的日常互动里，一家人约定好不吝表达"爱"，随时随地。

有一次，我对妹妹说："妈妈非常非常爱你，即使你在地上打滚儿也爱。"她立马躺在地板上特别开心地说："那我试试。"这样的表达，同样也让我收到了来自孩子们的馈赠。有一次，妹妹看到我胃疼，对我说："妈妈，你胃不舒服吗？我给你贴个创可贴吧！"这句话真是既可爱又暖心。

大部分时候她有点调皮，比如非要给爸爸染指甲。爸爸说："你不要给我涂了好吗？"她很淡定地回答："别客气。"她是爱爸爸才这么做的呀！在"爱"和"被爱"的感知中，我相信，她们正在成长为特别富足的孩子。

6

没有孩子会一直像个天使，也没有妈妈可以永远温柔。如果你问我有没有抓狂生气的时刻，当然也有，只不过每当我不耐烦行将生气的那一刻，我就会想到我的父亲。我意识到自己越来越像他——被掌控欲充斥、看不到别人的感受、只顾发泄自己的情绪。这个察觉让我警醒，既然不想重现原生家庭的魔咒，那我就需要有意识地后退一步。

意识到自己被情绪左右时，我会告诉孩子：妈妈现在需要安静一会儿。然后我会在房间里看会儿书，听会儿音乐，冷静下来。反之，当孩子情绪不好时，我会接纳她、安慰她，慢慢让她的负面能量消退，而不是迎面撞上去。

我很庆幸可以及时看到这一点，但不会因此就厌恶自己，因为这也是"我"的一部分。如果我选择抗拒，觉得自己很糟糕，负面情绪反而会更强，更无法跟孩子好好地交流和相处。

7

—•—

我想大部分妈妈都一样，获得过的最大赞美来自孩子，因为在孩子眼里，妈妈是世界上最可爱的人，她们的爱纯净、无私、伟大。但事实上，父母的爱往往都是带着条件的——比如希望孩子能多么优秀，只是或许他们自己未曾察觉。

孩子们的爱擦亮了我的眼睛。我看到在我幼时，我也曾那样无私地爱着自己的母亲。但不知从何时开始，我们之间陷入不断的争吵与误会中。那份柔软无私的爱，也逐渐消失了。

母亲今年去世了。妹妹问我："妈妈，你想念外婆吗？"我说不出话，只是流泪。每次问完这个问题，妹妹都会抱着我说："妈妈，如果你难过，就在我面前尽情地哭泣吧。"

姐姐问我："妈妈，你爱外婆吗？"我说："曾经深爱，曾经不爱。曾经嫌弃她不是仙女，直到发现她已经用尽了全部的力气，直到发现我也不是。现在很爱她，所以也很爱自己，所以也很爱你们。"

当我成为母亲，我从自己跟女儿们的爱里又重新找到了自己跟母亲的联结，也更加明白了 "妈妈" 这个身份的含义。

（作者：画眉）

"可不可以不鸡娃？"

1

每年四五月，总会有一拨妈妈为孩子幼儿园升小学择校的问题疯狂，那情形就好像小学如果选错，孩子这辈子就完了！这样的事根本不用听别人说，我身边就一抓一大把。

璐璐的女儿已经读小学一年级了，但回想起去年幼升小报名，那种焦虑、折磨和折腾，仿佛就是昨天的事。璐璐现居北京，房子买在通州稍偏一点儿的位置，去年这个时候，她正掐着时间点在网上给女儿报名读小学。

他们家附近的小学很普通，既不是市重点也不是区重点，但璐璐觉得离家近，方便孩子上下学，没什么不好。谁知家里亲戚知道后炸锅了，大家把枪口一致对准了她："你怎么当妈的？孩子读什么学校都不上心啊！""小学一读就是六年，上不了好学校，回头得让人家好学校的孩子给落下多远啊！"璐璐不以为然，她觉得读个小学而已，哪有这么夸张。

周末，女儿在幼儿园的两个好朋友和妈妈来家里做客，一聊才知道，人家一个已经在西城区买了学区房，一个在海淀区某小学附近租了高价房，正准备搬过去陪读。

璐璐表面淡定，但心里已经有点儿慌了，于是私下偷偷查了一下那些好学校附近房子的行情，买是十万元一平方米起，租是一万元一月起。璐璐做了一件以前从来没有想过的事：开始盘算家里的资产。"要是把家里的两套房都卖掉，还是可以买的。"璐璐决定去看看房子再说。

时间紧迫，房源又少，联系了好几家中介，来回也跑断了腿，可是看的房子都又小又破。她不禁扪心自问："为了孩子读小学，这么大动干戈，真的值得吗？"过了几个不眠夜，璐璐最终放弃了，孩子就近上了公立学校。

别以为一提幼升小，所有的家长都是一副焦虑到疯掉的形象。其实很多妈妈和璐璐一样，起初都很"佛系"。只是眼看着别的父母都在为了孩子拼尽全力，过不去的是自己这一关："明明父母努力一把，孩子就能获得更好的发展机会，这么轻易放弃了，孩子将来会不会埋怨我？"

2

王大米是一家公司的产品总监，她在女儿读小学时也遭遇过同样的问题。因为坚信女儿的个性更适合宽松的教育环境，所以王大米花了好大功夫才找到一所还算满意的私立小学。不过，学校要求面试，女儿要考跳绳、思维、看图说话……为什么用了省略号呢，因为还没等培养出更多能力，女儿就倒在了跳绳这一关。跳绳是必考项，跳不好，面试肯定要黄。

王大米无比焦虑，私立小学考不上，就没有任何退路，只能去读家门口的公立小学。但女儿从小放养，她既担心孩子无法适应，也不希望孩子被教成千篇一律的考试机器。于是，王大米一改往日散漫的作风，动员全家进入"备战"状态，还搞了个口号：通过面试，从跳绳抓起。

从整体协作到分解动作，从脚踝的感觉到精神的感受，算无遗策地教了无数遍后，孩子却毫无进步。王大米怒了："不会有技巧地跳，那你就硬跳！"女儿一边号啕大哭，一边手里还握着绳子努力要甩起来。王大米也不轻松，一边怒火冲天，一边又为这怒火愧疚不已。为了择校，亲子关系简直都要断送了！王大米形容去年的自己"眼里只有那所学校"，当时就觉得女儿如果去不了，一家人都要完蛋！

被幼升小难倒的妈妈数不胜数，因为她们觉得这根本不是简单地选一所学校，而是关乎孩子一生的重大决策。在她们看来，公立和私立之间，一旦选错，孩子这辈子就完了。但真的是这样吗？

3

说真的，虽然我也经历过那个噩梦般的阶段，但回头想想，其实完全不必。人生也好，教育也好，哪有什么"一次定终身"的事情。

讲个不一样的故事。有一次跟崔璀聊天，我才第一次知道小核桃当初是自己选的幼儿园，而且理由是："幼儿园里有只兔子。"我们都不敢信，这也太随便了吧！让孩子自己选幼儿园已经很不可思议了，理由还是因为一只兔子？这就定了一个孩子要待上三年的地方？

"为了让核桃自己选幼儿园，我们也做了很多功课，当然不是真的走到哪家算哪家。"其实崔璀和老公在选幼儿园上，早就做过一轮初步的筛选，框定了几所满意度差不多的幼儿园后，他们把所有的幼儿园信息（包括每家的优缺点）都一五一十地告诉了核桃。然后，再带着核桃一家家去实地感受。最后的决定权真的交给了小核桃。而核桃看中那家幼儿园的理由也只是因为那里有一只兔子，他很喜欢这只兔子。

"你们可真够大胆的，不怕孩子选错吗？"崔璀说他们当时也遭到了一波无情的嘲笑，但她还是坚持这么做了。她认为，孩子过了三岁以后，尊重他的选择就变得很重要，任何人都不想在自己的生活里活成一个"局外人"，孩子也一样。而让孩子有参与感还有一个好处，那就是会缓解父母一部分的焦虑。

很快，小核桃要上小学了。筛选一轮后，崔璀夫妇同样把所有的备选项摆到了小核桃面前。其中有一所国际学校是他们最满意的。校方特别强调，学校不搞家长群，因为老师要忙着备课，在专业上精进，没空管理；也不成立家长委员会，因为每个家长的声音对学校来说都非常重要，不需要通过家长委员会来传递或代表，每个家长都可以直接联系学校。他们觉得，这才是教育应该有的温度！

小核桃很顺利地通过了面试，但最终他们还是放弃了。这是因为他们后来发现，国际学校固然有先进的教育理念，可随之而来的一系列问题一点儿都不轻松。面对需要付出的大量时间、花费与精力，他们一家三口又坐在一起商量，并且提出了读公立小学的方案。

面对不同选项，小核桃问："英语课会不会变少？"崔璀答："可能会，那我们放学后多学一点儿吧。"几个来回后，全家达成了一致：放弃国际学校，读公立小学。

我们听完，当然又是集体翻白眼："国际学校和公立小学，听起来可是差别巨大，这么容易就能做出这样的选择吗？""我不希望孩子觉得，整个家庭都围着他转，我们好像要为了他改变自己生活的轨道。这会增加孩子的心理负荷。而且我觉得这样做，也向孩子暗示了父母的不自信，好像要把一切都押宝在孩子身上，你对自己有期待，就不会把期待完全投射给孩子。""但我会不会觉得可惜？会。未来会不会怀疑自己的选择？肯定在某些时刻会。因为谁都没办法对自己的决定有十足把握，更何况这还是孩子的生活。生活永远处在变化中，我们会遇到一个接一个的问题，然而我们只要不断地调整自己，努力去解决它们，一切都会好起来的。"

崔璀一番肺腑之言，让同样是妈妈的我豁然开朗。当我们为幼升小、择校、学区房疯狂焦虑的时候，有些人正在花更多的时间去思考教育的意义。表面上她们把孩子推到前面，让他参与决策，大家一起面对问题，但实际上这样做的背后却花费了更多的心血。

　　当然，我并不是说她们的做法一定是对的，或者鼓励大家都去这么干。毕竟，每个人都有自己的教育理念。我想说的是，在同样的教育环境下，有很多妈妈在我们看不到的地方默默学习和践行着不一样的理念，也许跟主流不一样，也许会被很多人质疑，但她们在用自己的方式为自己的人生负责。

　　在孩子的成长过程中，父母选择后退一步其实很难，但这或许才是孩子"为自己的人生负责"的开始。

（作者：司徒沙）

"都是为了你"这句话，应该从家庭中消失

1

外甥咚咚马上就要小学毕业了。为了他能读一所好学校，表姐最近四处奔波。今天去这个校领导家拜访，明天去那个知名教师家送礼。可她这一头忙得火热时，儿子却在一边使劲儿"掉链子"。

"我不想去那里读书。我和同学都约好一起去五中了。你之前不也说五中好吗？怎么现在又让我去那么远的地方读书？要去你自己去，我不去。"一进表姐家，就听见咚咚在闹脾气。"我为了谁，我还不是为了你好吗？你怎么这么不听话。"表姐气得眼睛都红了。

眼瞅着一场母子大战即将爆发，我赶紧想办法缓解局势，一边安抚表姐："哎，姐，你跟孩子生什么气啊。"一边对外甥说："咚咚，听阿姨的话，你先进自己房间，我跟你妈说点事。"

等咚咚进房间后，表姐有点儿崩溃，哭着说："我为他做了那么多，甚至都想好了等他去那儿读书，我就辞职去陪读，我付出了那么多，他怎么还是这么不懂事？"

"我都为你付出了这么多。"在孩子成长的过程中，很多父母都

对这句话并不陌生。他们为孩子付出了大量的时间与精力，却从来没有为自己考虑过，这是我身边很多父母的真实写照。他们一边操心孩子这个月兴趣班的花费、将来出国的学费、结婚时买房的钱，一边还要处理自己生活和工作中的各种琐事。在疲惫又无奈的日子里，孩子成了他们唯一的美好寄托。

中科院的一份调查报告表明：在中国，有82%的家长都准备好了为孩子的成功做出牺牲，而超过1/3的父母完全丧失了自己的个人空间。这些数字背后似乎隐藏着这样一种声音："孩子，你是我的一切，我愿意为你付出所有。"

我坚信"付出"无不源于父母对孩子的爱。可很多父母在付出时，好像忘记问一问孩子："你需要我这样的付出吗？"

2

新来的同事果果说："我从来不敢在我妈面前哭。因为从小到大，她为我付出了很多。她年轻时想去参加高考，却为我放弃了自己的大学梦。她说自己最大的心愿就是看到我考上一个好大学。所以，我从来都不敢辜负她的期望，每次考试也都力争第一。但我真的好累啊。""为什么不跟妈妈说呢？"我们问她。"因为不敢啊。每次我只要流露出一点点负面情绪，我妈就受不了，她觉得自己都这样付出了，为什么我还会觉得不幸福呢？所以我只能不断压抑自己的情绪，在她面前假装过得很开心。"果果深深地叹了口气。过了一会儿，她又说："有时候真的不想她为我付出那么多，因为我总觉得，她所有的付出都是需要我以'顺从'来回报的。"

看着这个皱着眉、脸上写满沮丧的90后小姑娘，那一刻，我特别想对她妈妈说："我知道你爱她，但也应该注意表达的方式。"有时候，父母的过度付出并不会让孩子感受到幸福，反而会令他们感到愧疚和痛苦。这就像父母手里握着一张能制约孩子的令牌，每次只要父母亮出这张牌，孩子就得乖乖地服从命令。可让人惊讶的是，父母使用这张牌时是无意识的，也看不到这张牌所具有的杀伤力。他们对孩子的付出和牺牲，固然出于一片真心，可他们万万没有想到，正是因为孩子感受到了这是父母的爱，才让他们在无法满足父母的要求时，产生加倍的痛苦。

曾引发网络热议的"北大学子写万言信与父母决裂"一事就是最好的证明。当事人王猛写下万字长文，控诉父母对他充满"控制"的爱，但他的父母面对儿子的指责，却根本不知道究竟是哪里出了问题。后来，在接受媒体采访时，王猛的父亲落下了悔恨的眼泪："现在我意识到了父母要站在孩子的角度去考虑问题，不是说替孩子把什么事都办了他就会感激你，过头了就会适得其反，只是当时自己还没有想明白这些。"

3

与此同时，父母的过度付出、事事包办，也会导致孩子丧失自主性和独立性。

前年去日本旅行的时候，我们团里有一个二十多岁的女孩，就连鞋带散了自己都不会系，还需要一旁的妈妈蹲下身来帮她；旅途中买票、买食物等许多事情，她也习惯性地全都推给妈妈……后来我实在没忍住走过去和她攀谈，还没说两句，她就侧身躲到妈妈的身后。妈妈有点儿尴尬，笑笑说："她不太习惯。"

是啊，她不太习惯自己系鞋带，不太习惯和陌生人交流，只是因为她习惯了父母为她处理一切。在这个习惯里，她逐渐失去了自己独自面对世界的勇气。

苏联杰出的教育家马卡连柯说过："一切都让给孩子，为了他牺牲一切，甚至牺牲自己的幸福。这是父母送给孩子的最可怕的礼物。"这份"礼物"的可怕之处在于，孩子可能一辈子都会被愧疚折磨，但父母却未必意识到自己好心办了坏事。

后台曾有一个用户留言，她从小就听到妈妈说："我省吃俭用，都是为了你和你弟弟，你不要辜负我。"这句话深深地刻在了她的心上。

"我从小到大都从来不敢提要求，就连生日也不敢让妈妈买生日蛋糕，因为如果我考试没考好，我会觉得自己不配吃这个蛋糕。"这种矛盾心理一直陪伴她到三十多岁。可直至现在，她妈妈还是会用委屈与付出来换取她的顺从，甚至会不时地提醒她，不可以花钱，要为她的外孙未雨绸缪。她不知道自己要怎么做，才能摆脱这种矛盾的心理，才能不被妈妈的过度付出所"要挟"。

在我看来，这个问题其实也就是"我们该怎么处理和过度付出的父母之间的关系"。我的建议有以下几点：首先，你必须学会和父母分离。先是距离上的，再是心理上的，逐渐建立起自己的界限，这是一个非常重要的过程。当我们长大成人并组建自己的小家庭，我们就有了自己需要维系的关系与处理的事情。我们应该先照顾好自己的情绪，找准自己的路，再去照顾父母的情绪。父母的要求和期望从来都不是我们必须满足的事情。这不是不孝，而是对自己和父母负责。

其次，你可以帮助父母培养他们的兴趣爱好。有的父母一辈子都围着孩子转，导致他们在孩子长大后，没办法温和地从孩子的生活中离场。所以，要让他们把重心从你身上转移到自己身上。养花、画画、跳舞、旅行……一旦父母找到自己的生活重心，或许就不会再来干涉你的生活了。因为他们终于从你的路，转回到了自己的路上来。

从一开始，父母与孩子就注定会渐行渐远。生命就是这样从依赖走向独立的过程，孩子有孩子的路，父母有父母的路。

好父母的标准绝对不是为了孩子牺牲自己的一切，而是应该找到自己的幸福和快乐，并将这份幸福和快乐在潜移默化中传递给孩子。好父母在安静地目送孩子远去后，还能回到自己的人生之路上继续前行。但很多父母都迷失在了自己和孩子人生之路的交叉口，他们一路狂奔，却离自己越来越远。我表姐就是这样。

"这些年，你总是围着咚咚转，你给自己买一百块的衣服，给他穿一千块的鞋；你省吃俭用就是想他以后可以出国留学，甚至还想着辞职陪读，但你这样过度付出，自己开心吗？"表姐愣了愣："我的开心重要吗？只要我儿子能有出息，我开不开心无所谓。""可是你不开心，你儿子又怎么会开心呢？"在离开表姐家时，我向表姐建议，"我觉得给咚咚再多的物质，都不如给他一个快乐的妈妈。"

（作者：罗梦倩）

不被"内疚感"绑架

1

我发现自从成为妈妈，我经常感到内疚。这种感觉其实从我还是准妈妈时就有苗头了："哎呀，早孕都过去三个月了，才知道要吃叶酸……看我这个糊涂妈""最近连续加班，差点先兆流产了，我干吗这么拼啊……"

等到坐月子时，这种感觉达到了顶峰。若是有过下奶不顺，或者孩子别人抱的时候没事但自己一抱就哭经历的新妈妈，一定都有内疚无力的感受吧。产假过后，内疚感似乎变成了职场妈妈的专有感受。

女儿小的时候，睡觉时间长，从我早上7点离家到晚上9点回家，她的眼睛都是闭着的。时间长了，我忍不住就会想："她哭的时候会叫妈妈吗？她叫的那个'妈妈'是我吗？"

有一段时间流行做宝宝成长纪念册，我知道别人的孩子在某年某月某日某时某地笑出了声音，却不知道自己的女儿是在什么时候扶着桌子站起来、迈出了直立行走的第一步。

后来每到周一上班或者要去出差，孩子都会冲过来抱住我的大腿号啕大哭，上演"为什么爱我还要离开我"的苦情戏。作为一个妈妈，我的心里真是又着急又心疼。

如此种种都困扰着我，思前想后，我终于决定消除阻挡我和宝宝在一起的最大障碍——"工作"。就这样，我成了一名全职妈妈，可以和宝宝二十四小时在一起，内心也暗自松了口气：这下应该不会再内疚了吧？！

没想到，从此家庭变成了"公司"，老公是董事长，孩子是CEO，而我完全变成了"打工人"，不只是保姆，还是厨师、司机、护士、老师以及理财师……偶尔可以请假，但永远不能辞职。每项职能都设有隐性KPI（关键绩效指标法），稍有差池，内疚感就会找上门。

事实上，我也曾体验过一些美好的早晨：阳台上的衣服在风中散发着洗衣液的清香；打理过的木地板在晨曦中闪着让人心动的微光；靠垫一个个饱满地挺立在沙发上；孩子的玩具和绘本都回到了抽屉；鞋柜上的妈咪包已经装好，一会儿出门遛娃时拎上就能走。厨房里，杂粮粥在电饭煲里冒着热气；包子玉米在蒸锅里等待上桌；里面还蒸着一碗黄灿灿的土鸡蛋羹。连午饭需要的食材都准备妥当了。青菜在筐里沥水；西红柿已经烫好，去了皮后和拌好的生肉丝一起放进了冰箱……只等中午孩子看完《小猪佩奇》就可以坐到餐桌上享用西红柿肉丝青菜面。鸡蛋羹还有五分钟才好，已经洗漱完毕的我，带着爱意温柔地叫孩子起床，一边帮她哼一首《美好的未来》，一边帮她穿好衣服。等我抱娃走出卧室，早就洗漱好笑意盈盈的老公迎上来，两人一起给孩子来一个"三明治"吻。

　　然而，我经历更多的却是这样的早晨：我猛一睁眼，窗帘透进来的阳光已经很刺眼——坏了，时间不早了。我赶紧起床，先泡上要洗的衣服，然后小跑去厨房。这边正挥刀剁玉米呢，那边孩子就开始哇哇哭，跟装了"妈妈不在"探测器似的。我再小跑进卧室，匆忙间在衣服上擦过手，抱过娃稍微哄哄，马上塞给还在倒头睡的老公。回过头，我赶紧把玉米丢进锅里，上层箅子放上包子，再去搓两把衣服，然后丢进洗衣机，打开启动按钮（虽然这一步经常会忘）。

　　这时孩子"噔噔噔"地光着身子就跑了出来，老公拿着衣服一边在后面追，一边哈欠连天。我深呼吸几下，从老公手里接过衣服，抓住孩子开始哄她穿衣服，免不了还要给这位"姑奶奶"讲个笑话。这时突然想起火上还架着锅，我猛地跳起来——还好孩子没掉，直接冲进厨房关火。可惜鸡蛋羹又做老了，皱巴巴的。接下来就是伺候女儿和老公吃饭。我说："今天你能不能晚点走，哄下娃，我好……"结果老公一抹嘴，背上包就溜了。"早上有会！"话音刚落，人早就跑到电梯间去了。

　　我正无奈地看着散落一地的玩具、绘本与沙发垫发呆，吃完饭的女儿不知何时已经站到了门口，大叫着该出去玩了。我这才发现自己还穿着睡衣，蓬头垢面，还好老公一早上都没正经看我一眼。来不及喘口气，我心里的内疚感又出现了，好像在说："看你，又没安排好！"

　　可我没有时间细想、感受，甚至很多时候都意识不到这个声音。

我得马上收拾好，带孩子出门。不然随着孩子不断的催促和等待，我的内疚感会越来越强烈。真绷不住时，我也会直接呵斥："催什么催！"可等女儿满是期待的小脸一耷拉下来，我又开始怪自己："是你没弄好，还凶孩子……"

2

有了二宝以后，这种"内疚"的情绪就更容易出现了。年龄摆在那里，精力、体力跟不上了吧？老大和老二的需求不一样，你都要尽量满足吧？老大和老二之间出现冲突，你怎么办？精力被越来越多的事情占据，你和老公的关系怎么办？你又把自己置于何地？……

对于全职妈妈来说，不是没有内疚感，而是既没有时间，也没有空间去内疚。原来的内疚感在飞速旋转的日常中从一整块变成了满地的碎片，而妈妈的存在感也随之消失了。

如果说职场妈妈遇到问题，还有一个"回到家里"的解决方案，那么全职妈妈已经在家里了，还能退到哪里去呢？

我一开始听不见内疚的声音。骄傲的我也不允许自己有内疚的机会。想当年在职场，再难的合作伙伴我也搞定过，再十万火急的项目也按时上马了，家里这些连钟点工都能做的事情，我不相信自己做不好！

我曾经经历过的美好早晨，就像KPI一样悬在我的心头，勒令我每天自我反思。但如此坚持几天后，又往往会因为放松而晚睡，继而迎来手忙脚乱的一天。我一度觉得自己的人生总是不断努力又不断挫败，好像希腊神话里不断推石头上山的西西弗斯，命运里写满了荒谬与无力。

每当这个时候，身边的人只要稍微"配合"一下，一场口角马上就能爆发。比如，自己的妈妈插进来说句"这样做不对"，你那原生家庭的伤口就开始流血；婆婆说句"其实你可以这样"，你一句话顶回去，两个人马上开始婆媳间的拉锯战；如果老公正好也在抱怨，那好，简直要开始星球大战了。闹到后面，我偶尔会一把鼻涕一把眼泪地哭诉："你就是觉得我在家待着没用，也没有价值，简单的事情也做不好，还老要你帮忙。我带不好孩子，做不好家务，和老人也处不来……我怎么就那么差劲儿呢？"最后这句话一出口，连我自己都惊呆了，这还是过去那个意气风发的我吗？

现在想想，其实那个自己很尿的时刻，反倒是个关键点。如果能顺势认尿，卸下那股劲儿来，后面就顺了。如果就是不认尿，后面继续拧巴，这种由内疚带来的负面效应甚至会传染给家里的每一个人。

3

后来女儿从一个肉乎乎的小团团，长成了一个瘦长的小学生，我会有意识地让她分担一些家务。那天早晨，我盛好弟弟的粥，让她端到餐桌上。那是个不锈钢碗，没有隔热的抓手，女儿端着碗，刚转身走了一步，就被热气烫得松了手。我回头一看，粥洒满了餐厅的地面，心头顿时乌云密布。

女儿小心翼翼地瞥了我一眼，站在原地没有动。婆婆马上拿着抹布开始擦地，一边擦一边说："没事没事，谁都会犯错。"女儿不领情地嘟囔道："不要你说！"我于是强忍着火气："那你自己来收拾！"女儿快快地扯了张厨房的纸巾，一点点地开始蹭地面，就像小鸡啄米一样，估计饭凉透了也擦不完。最后还是婆婆帮着很快收拾好了。女儿站在厨房门口，眼睛红红的，一言不发，只是两只手狠狠地抓着纸巾。

我定神看了她一眼，还是生气，就去洗衣服了。我当时心里有无数想要训斥她的话，比如"都这么大人了，连个碗都不会端！""太烫不会想办法吗？笨死了！"然而这些话都没有说出口，我只是憋着劲儿把气撒到了衣服上。

可随着衣服一水一水的漂洗，我的愤怒似乎也渐渐褪了色。"其实有多大的事儿呢？昨天三岁的弟弟吃着西瓜就尿到了地板上，我不也没说什么吗！"我心里开始反思。

晚上夜深人静的时候，女儿红着眼睛一言不发的样子依然在我脑海中挥之不去。做了错事，她心里一定很内疚吧，那她为什么不跟我说呢？我给了她认错的机会吗？如果她认错，我会原谅她吗？还是会更猛烈地批评她？

想着想着，我突然觉得这个场景很熟悉。记忆中也有一个六七岁的小女孩，两根牛角小辫耷拉着，大气都不敢出。她把没吃完的油饼偷偷丢在了沙发后面。爸爸很生气，"浪费粮食""不诚实""自欺欺人"……一个个标签像小石头一样砸过来，把越缩越小的小女孩埋了起来。

那个小女孩就是我。我的眼泪慢慢流了下来，不知是为自己还是为我的女儿。我轻轻地问自己："把没有吃完的油饼偷偷扔掉，是一个不可饶恕的错误吗？""打翻碗洒了一地粥，是一个不可饶恕的错误吗？""晚上睡得晚，早上一片忙乱，是一个不可饶恕的错误吗？"然而得到的答案全都是："不是。"

我忽然意识到自己生气的时候，有些错误被无限地放大了，哪怕是微小的失误，在我心里都像偷盗一样严重，活该抓起来被内疚感凌迟。与此同时，犯错的人也被无限地缩小，甚至于接近消失。可我不想消失，所以不能承认自己真的那么差劲儿。这种对内疚既认同又抗拒的矛盾心理像旋涡一样，使我深深地陷了进去。我无法脱身，但又不知道该怎么办。

4
—•—

意识到这些的时候，我突然冷静了下来。我听见窗外蛙鸣阵阵，汽车在积水的地面飞驰而过，也听见自己的心跳。我从未如此真切地感受到自己在这个世界的存在。我走到女儿床边，她已经睡着了。我看着她，仿佛她还是那个只有几个月大、总在睡觉的婴儿。

在那些我被自己的情绪吞噬的日子里，我真的好好照顾她了吗？全职是我的需要还是她的需要？这些年，到底是我在陪伴她还是她在陪伴我？我就这样看着她，想了很久，然后轻轻附在她耳边说："对不起，我爱你。"既是对她说，也是对自己说。

始料未及的是，内疚让我发现了一个未知的自己。有一天，因为中午菜烧多了，晚上我把剩菜热了一下就端上了桌。谁知喊了好几次"开饭"，没有一个人出来。我当时就怒了："没有做新鲜菜，就不来吃饭了吗？！"话一出口，我就明白了。其实我的"怒"，完全就是我把自己没有说出口的内疚变成了对家人的责备。

即使是现在，我还是会内疚，但是它已经无法困住我太久，我会很快意识到，然后选择是说出来还是再给自己一点时间。

我发现，职场有一套相对统一的评价标准，一个人无论做得好与不好都会被看到并记录下来，作为改进或者升迁的依据。但在家庭这个"公司"里，全职妈妈的付出和成果其实并没有一个统一的评价标准，一切评价皆取决于自己的内心，全职妈妈甚至也没有什么升迁途径。如果一定要用一个外在的标准来确认自己的位置和价值，那全职妈妈们一定会常常"吃力不讨好"。

不过，经过无数的困惑和痛苦，我慢慢也发现了这种内疚带来的礼物：即使从另一个方向，它也一样指引我们通往爱与自由。明白这一点，"职场妈妈"还是"全职妈妈"就不再是个二选一的命题。因为每个妈妈无论工作与否，都愿意给自己爱和自由，也会把这份礼物送给自己的爱人和孩子，代代相传。

（作者：飞鱼）

育儿这件事，理解比陪伴更重要

———

1
—·—

我在创业之前做过投资，投资之前做过公司运营，十几年职场生涯没闲下来过。之前倒没觉得有什么，工作要想取得点儿成绩，不都得这么拼吗。等当了妈妈，倒是遇到一个新问题："你这么忙，孩子怎么办？"

比如，前几天有一个来公司面试的求职者，跃跃欲试地想要加入我们，我们聊愿景，聊用户，聊产品，聊到最后忽然想起了什么，她问我："我的孩子才三岁，加入创业公司肯定很忙，会不会完全顾不上他？你是怎么平衡的？"

上周出差，在机场接到燕子电话。她是律师，平常忙得神龙见首不见尾，她接我电话通常都是这个画风："我马上要进一个会，十分钟说完，快。"结果那天在机场，我拖着行李，手里拿着半个没吃完的汉堡，听她说了两个十分钟，大意是有其他家长投诉她的孩子在幼儿园咬其他小朋友，偶尔还会推搡别人。老师一直明着暗着告诉她，妈妈的爱与陪伴很重要，言下之意是小朋友这样跟她太忙有直接关系。她跟老师道歉，说自己确实很忙，不过"周末肯定会尽量安排时间陪孩子"，但老师却说："还不够，你看你孩子的表现就知道了。"燕子很崩溃：职场妈妈受歧视了。

这个问题在我家也时常出现，我妈一直觉得小核桃不合群，英语也不够好："你不知道小区里那些小朋友英文有多溜，性格有多开朗。小核桃去滑轮滑，别的小朋友都凑在一起玩，就他一个人待着，一点儿都不合群。你光忙着工作，根本不知道这些。"

我有点儿迷惑，也就两周前吧，幼儿园老师才反馈过，说每个小朋友都说自己的好朋友是小核桃。他每次表达需求，或者给别人提意见时，都能做到温柔而坚定。老师说这些话的那天是小核桃幼儿园的圣诞活动日，我妈也在，应该亲耳听到了这些话。

我想了一会儿，才猛然反应过来，我妈的焦虑在于别的孩子都有妈妈尽心尽力陪着，在这点上小核桃落下人家很多，所以肯定得有哪些地方不如别人！

说实话，我也承认，自己的确不是什么完美妈妈。我有很多地方没有做好，比如在衣食住行方面，我就十分粗枝大叶。作为一个常常下午两点吃午饭，夜里九十点吃晚饭的创业女性，在这点上一定得有足够的自知之明。所以在日常起居方面，我把小核桃全权托付给了我爸妈。

刚当妈妈那段时间，我也为此羞愧自责过，但是随着时间的推移，我在不断理解自己与理解小朋友的学习中逐渐找到了自己当妈妈的方式。

生活中的大多数时候，我都是一个焦虑、自卑的人。但说来也怪，养育小核桃这件事如今却成了我少有的可以引以为傲的地方。随着他逐渐长大，我开始有种迷之自信："我真是一个不错的妈妈，他真是一个好棒的孩子啊。"

别误会，小核桃并不是什么傲人的天才，也没有过人的智商，他很平凡。他偶尔也很倔强，不爱洗头，刷牙时能玩半个小时牙膏，但幸运的是，他有思辨能力，做事情的时候很专注，也有属于自己的爱好。还有一点，他很乐观。不止一次，他冷不丁地对我说："好幸福啊。"

2

我唯一做到的事情，就是一直学着去理解他。就这么简单吗？是，就这么简单一句话，恰恰是世界上最难做到的事情了。

前段时间我出差，每天都会跟小核桃视频一次，他从小就知道妈妈老是出差，打开视频的第一句话总是问："你在哪儿？""我在去机场的路上。""你要回来了吗？""是的。你来接我吗？""姥爷喝酒了，不能开车。""那你开啊。"我打趣。他放下手机，跑到阳台，只听"咣当"一声，接着便传来一阵哇哇的哭声。我一边心痛，一边假装镇定地问他怎么了。我爸说："他想去拿自行车，假装去接你，不小心被自行车砸到脚了。"他哭得声音很大，姥姥姥爷忙着安慰："不痛不痛，没事没事。"他们是着急的，小核桃跟他们相处的时间比跟我多。"没摔着没摔着，不痛不痛，哎呀，没事没事。"眼看爸妈的安慰不起作用，小核桃哭得更大声了，我也更着急了，于是轻轻埋怨了一句："你又不是他，怎么知道他不痛！承认他痛怎么了！"司机这时从后视镜瞥了我一眼。

事实上，每次遇到这种情形，我都会想起小时候的自己。那个时候，我明明很痛，可是他们总说不痛；我明明很开心，他们却总说不要骄傲；我明明很想要那个棒棒糖，可他们却告诉我青菜更好吃。我明明就坐在他们身边，他们却从来都不看我。他们爱我，但是他们却对真实的我视而不见。

当小核桃听到我说"是不是很痛"的时候，委屈地点了点头。我又问他"是不是脚痛"，他再次点了点头。就这样，一场险情慢慢化解了。真的就这么简单。

3

最近我和小核桃一起发现了一种好玩的纸牌游戏，叫"超级犀牛"。根据规则，要一层层地把纸牌搭高，游戏过程中如果不够细心，搭好的牌楼就会倒塌。

游戏本身很简单。但玩了几次之后，小核桃就兴味索然了。昨天晚饭后，我又招呼他来玩。他摇手拒绝："我老输。"他爸爸听到说："输了不要紧，我不也总是输吗？没事啊，每个人都会输，输了又不代表什么。"可小核桃仍然拒绝。他爸爸有点儿无奈，看看我，疑惑道:"这是自尊心太强,还是受挫能力太差?"因为我也不太确定,就什么都没说。

看我没反应,他就又转头跟小核桃"沟通":"不要因为输就退缩,如果你一直赢,我就会一直输。"我一边洗脸,一边琢磨,总觉得哪里有什么不对。小核桃始终没反应。爸爸很受打击,一边走一边嘀咕了一句:"你下围棋不也经常输吗?你不还是会继续玩。"

啊!我好像知道了!如果他玩其他游戏的时候不怕输,那他现在的反常一定跟这个游戏本身有什么关系。我仔细想了想,终于回忆起有几次牌楼快倒的时候,他好像都捂住耳朵逃开了。我又想起幼儿园每周的"工作反馈",最近的反馈赫然写着:"他正处于秩序敏感期。"

于是,顶着一脸洗面奶,我跳出洗手间问小核桃:"你是害怕牌楼倒塌的那一瞬间吗?"小核桃眼睛里亮了一下,忙不迭地点起了头。

4

就是这些时刻,增强了我在与小核桃相处过程中的信心。

哪怕我连小核桃穿几码的鞋都要想半天,哪怕我们相处的时间非常少,工作日几乎很难见上一面,哪怕偶尔晚上九点前下班,赶回家看他一眼,他也已经昏昏欲睡了,我也总觉得,我们一直都在一起,在我出差、开会,甚至忙到想不起自己还有个儿子的时候,我们仍然在一起。因为我坚信，在他小小的心里，他知道任何时候只要有需要，妈妈都会理解他，帮助他。而我也知道，他是一个足够完整的个体，值得用心去理解与尊重。

我见过无数非常"亲密"的亲子关系，父母为孩子奉献出了全部的时间，最后换来的却是彼此抱怨、互生隔阂。他们明明在一起，却看不见对方。我有信心，虽然很忙，但因为我们找到了爱的正确方式，即使我们看上去不那么亲密，也丝毫不会影响我们的关系。就像墨西哥诗人奥克塔维奥·帕斯的诗歌《互补》所说：

在我身上你找山，
找葬在林中的太阳。
在你身上我找船，
它迷失在黑夜中央。

这是我理想中人和人之间相互扶持又彼此独立的关系。谨以这首小诗，送给每一个有所爱的你。

（作者：崔璀）

第五章

连妈都敢当，还怕啥

平衡家庭与事业?
技巧是先平衡好自己内心的秩序

——

1

—•—

微博上有个90后辣妈,休完产假返工,每天只睡四个小时,努力平衡家庭与事业。她说,早上起来要给宝宝换尿布、喂奶,从起床到出门需要一个多小时,每天中午还要花四十分钟回家喂奶。

评论里很多人为她的乐观向上点赞。不过,每次出现这样的励志榜样,都会吓到很多人:"真的不能要孩子!你看生了孩子,还想做好工作,就只能一天睡四小时,也太惨了!"

办公室的小姐姐萝卜问我:"你觉得你平衡了事业和家庭吗?"我心里嘀咕了一会儿,回她:"我觉得还行吧……""还行?这是什么答案?"她一脸问号。"就是我也希望睡眠时间可以多一些,但现在这样也不错啊。"我说。萝卜把视频发给我。

"你看看人家!你忙起来都没有时间照顾儿子,还让他睡在姥姥家!哪里平衡了?"

2

—•—

好，问题来了，什么是平衡？平衡其实跟嗜好一样，因人而异。有人嗜咖啡如命，晚上九点来一杯expresso（意式浓缩咖啡），十一点还能倒头就睡；有人咖啡因过敏，最多喝到第三口就心悸手抖。有人觉得每天应该亲自接送孩子上下学，不能交给老人带，每次家长会都要参加，工作可以缓个两年，但孩子的成长转瞬即逝，必须全程参与，那样才叫作平衡；有人觉得孩子能正常地上幼儿园，吃喝拉撒、接送都由爷爷奶奶负责，自己全身心投入工作，每个周末能跟孩子疯玩两天，这也是完美平衡。

非要说谁对谁错，又有谁有资格给出标准呢？专家们说："三岁前要无条件陪伴""自己带的孩子比老人带的要好"……我曾经也会被这些话吓到。现在想想，这些不是跟"擦口红会致癌"一样，只是一种说法吗？老话说，不谈剂量的恐吓都是耍流氓。每天擦多少口红会致癌？什么成分会致癌？有双盲试验证明会致癌吗？

育儿也一样。"三岁前要无条件陪伴。"什么叫无条件？陪到什么程度才可以？我们每个人都有属于自己的优势和弱点，即使拼尽全力，谁又敢说自己给了孩子百分之百的"无条件陪伴"？我们只是带着一身弱点在相爱，但不是离开谁就不行。

每个家庭也不一样。自己带的孩子就一定比老人带的要好？小核桃感冒发烧，半夜翻个身我爸妈都能瞬间惊醒，给他喝水、量体温、散热，全流程五星级服务。我自己也带过生病的小核桃，睡前想着隔两小时一定要看一下孩子，结果呢？白天开了十几个会，晚上头一挨枕头直接就昏睡过去了，直到小核桃揪着我的头发喊："妈妈，我要喝水。"我跳起来一看，已经早上七点了，顿时一身冷汗，又摸头又摸脚："你昨晚发烧了吗？现在感觉好些没？昨晚你怎么不叫妈妈啊！……还是你叫了我但我没听到？"小核桃一脸嫌弃地看着我："妈妈，快点啊，我好渴……"

3

如果按单一维度讲"平衡"，我在"时间"上肯定输了。没办法，想要的太多。而所有的欲望和野心，注定都要付出代价。搭进去了无穷的精力和时间，还觉得不够。既不想牺牲自己的生活质量，又不甘心在"当妈"这件事上落后太多——贪心的人，才会真正去琢磨平衡这件事。不过到后来，我发现这件事是有技巧的。

小核桃一岁多的时候，特别抗拒刷牙。抗拒到什么程度呢？每天晚上洗漱要花近一小时，我追着他满屋子跑，各种哄，听《刷牙歌》，看蛀牙的照片，结果换来的还是"不，不，不"。手机也响个不停，想到工作上还有好几个方案没改，我就忍不住发火："怎么回事啊，你怎么这么不听话！你知道等下我还有多少事要忙吗！"我的怒火甚至殃及老公："你倒是搭把手啊！什么都不管！"就为了刷牙这种小事儿，大人孩子都不高兴。

后来我跟李松蔚抱怨这件事，他说："人家有人家的道理！"

"啊？""对你来说，一天有无数件事要做。但对你儿子来说，一天就两部分时间：一是跟妈妈在一起的时间，二是妈妈消失不见的时间。小孩子肯定想跟妈妈多玩一会儿，他只要不刷牙，你就得一直陪着他。刷完牙他不得不上床睡觉，而你也又要去忙工作了。他当然会想办法延长这个时间了。"我一时醍醐灌顶，对这件事也有了全新的看法："所以，不管我怎么哄他刷牙，听贝瓦儿歌，在手机上找蛀牙照片，满屋子追他，他都觉得，我是在……跟他玩！"我忽然感到很心酸，觉得这一切都怪我。或许我只要多陪陪他，问题就迎刃而解了。但现实是又没有那么多时间陪他，怎么办？所幸我很快找到了解决办法。

当天晚上回家，我问他："你觉得不刷牙很好玩，对不对？"他咿咿呀呀地点头。能看出来，这句话让他很高兴。他觉得自己被看到了。我接着对他说："我们还有更好玩的事情，就是你刷完牙上床，我们一起讲故事，你要不要玩？"他立刻点头，显得很激动。我说："可是我晚上还有工作，只能讲一个故事……不过，要是你早点刷完牙，我们就多讲几个！"他眼睛一亮，头也不回地冲向了洗手间。

从这几句简单的话开始，小核桃抗拒刷牙的阶段忽然就结束了。直到今天，我们每天只需要十分钟就可以洗漱完毕，然后在床上玩一小时。虽然花的时间和以前差不多，但大人孩子的心情都更好了。这就是我找到的适合我自己的平衡点。

4

—•—

看到别人的需求，真的是世界上最好用的平衡方式。我渐渐意识到，平衡从来都不是一个人单方面的事，平衡靠的是人与人之间的互动。从那天开始，我跟小核桃的相处有了质的提高。

周末家庭聚餐，他吃了一半就开始上蹿下跳，每一个长辈都忍不住念叨："这孩子哪儿都好，就是吃饭不听话。""快吃快吃，我们都快吃完了。""饭都凉了，吃了会肚子疼的。"姥姥呢，干脆放下自己的碗筷，打算亲自喂饭了。

如果你跳出来看当时的场景，一定会觉得很滑稽：简简单单一顿饭，每个大人都像唐僧一样喋喋不休，小孩子依旧油盐不进，我行我素。大人们继续念叨，还以为自己在做正确而必要的工作。

为什么小核桃宁可被大人念叨，也不赶紧吃饭？我后来想了想，觉得原因不外乎下面三个：第一，他知道所有人都会等他。大人们的念叨毫无杀伤力。第二，他想跟我们多待一会儿。因为每次吃完饭，我的下一个动作都是"我要去上班了"。第三，今天的饭菜实在不合胃口。

我把我能想到的三个原因讲给他听，他告诉我是第二个。于是我告诉他："妈妈确实有事需要出门，不过还有一点儿时间。要是来得及，吃完饭我们可以去玩一会儿跷跷板！"

他两眼放光，三下五除二就把饭扒拉进了嘴里。每次都要姥姥追着喂的饭，这次不到五分钟就吃完了。放下碗，我们一起冲出门，在小区里玩了一小时。我出门谈业务时，感觉整个人都精神抖擞。

5
—•—

　　我平时工作很忙，周末也只有一小时可以休息。要怎么平衡事业和家庭呢？对我来说，关键就在于如何用这一小时陪孩子做游戏，而不是用来跟他怄气、批评他不听话，以及催他吃饭。

　　同小区的诺诺跟奶奶到家里找小核桃玩。两个孩子你追我赶玩得正高兴，小核桃不小心撞倒了画框。姥姥忙不迭地说："快扶起来！怎么这么不小心！"小核桃看了诺诺一眼，冲姥姥撇嘴："不要！你扶起来！"姥姥说："自己的事情自己做！"祖孙俩僵持了起来。小核桃小脸通红，死活就是不扶，眼看一场战争就要爆发。我觉得很好奇，因为他平时不会这么不讲道理，于是悄悄问他："你是不是因为朋友来家里做客，被姥姥批评，觉得没面子？还是你知道姥姥肯定会帮你扶，你不扶也没关系？妈妈想知道是哪个原因。"没想到他哇的一声哭了，抽抽搭搭趴在我肩膀上说："没……没面子。""嗯，那下次你可以跟姥姥说，我不是故意的，请你说话温柔一点。不过我们不能因为没面子，就不管那个画框了，你说呢？"他擦擦眼泪，就去做了。

　　我讲给姥姥听，姥姥不信，觉得小孩子家家，哪里知道要面子。我其实也不是百分之百确定，可事实是僵持了好长时间的事情，后来几分钟就解决了。小核桃哭出来以后，心情就好多了。他抱了抱我，说："妈妈，我爱你。"后来，他越来越频繁地跟我说："爱你哦。""真的好爱你。"我想，他这么做肯定不是因为我花了更多时间陪他，毕竟我向来都是那个排在姥姥后面的"第二位"。如果一定有什么原因，我相信是因为我太忙了，反而更加珍惜每一次陪他的时间。为了好好利用那一点时间，我花了很多心思去理解他的感受。

6
—•—

傅首尔说过一句名言："吵架是为了维持内心世界的秩序。"在我看来，"平衡"也是如此。小核桃每次玩玩具，都会看我一眼："你去工作吧，我找爸爸。"失落三秒钟之后，我打开手机和电脑，很快就沉浸到各个工作群的信息流里。工作遇到挫折时，连蹲在角落大哭一场的力气都没有，却会扔下手机，跟在家人身后，听姥姥念叨一些小区里的家长里短，给小核桃当大马骑，被嫌弃跑得不够快……再回去处理那些工作上的麻烦。我这时才发现一切并没有那么糟，天也没有真的塌下来。

生活低谷时享受工作，工作低谷时享受生活。你说这能算"平衡"吗？我其实说不好。每个人为了自己想要的生活，或许都需要承受一些缺憾吧。又想事业成功，又想睡满七小时，既然这么贪心，我也只能在带孩子这件事上精打细算了。

只能说，"平衡"的是我自己内心世界的秩序。至于这个秩序应该是方还是圆，是三角形还是不规则多边形……除了自己，没有任何人有资格定义，你说是吗？

（作者：崔璀）

这个问题，你们会问男的吗？

如果有人问你，你如何平衡事业和家庭，你会怎么回答？当对方问你这个问题时，真的在乎你的答案吗？

央视前著名主持人张泉灵因为一段访谈视频上过热搜，这段视频甚至创下了短时间内600多万人次观看的惊人纪录，引发了8万多人共鸣。事实上，张泉灵不是第一个被问到这个问题的人。几乎所有成功女性在接受采访时，都会被问及这个问题：如何平衡事业和家庭？但为什么只有她引起了这么大的反响呢？这是因为她的回答实在是太漂亮了！

在一段1分36秒的采访视频里，张泉灵从一开始就旗帜鲜明地亮出了自己的态度："我要明确告诉你，我很讨厌这个问题，因为这个问题本身就是对女性的偏见。"紧接着是一连串的灵魂拷问："你为什么好奇这个问题呢？因为你觉得应该平衡。你为什么从来不好奇说：'你为什么不和姚明一起打篮球？'因为你觉得我不需要达到这点。我特别好奇，你们采访男性企业家的时候，会问平衡性的问题吗？"

这个问题一出，镜头从张泉灵面前挪开，对准了男记者。他错愕地笑了笑说："也会问。""你问过谁？他们是怎么回答的？"张泉灵继续追问，毫不留情。记者只好承认："嗯……还是母亲居多。"到这里，张泉灵已然在这场交锋中完胜，看得人非常解气。

可冷静下来后我就一直在想，为什么一向温和的张泉灵会对这个问题反应这么激烈？为什么我看完后会这么解气？后来才发现，也许我们已经在这种环境中忍耐了太久，只是张泉灵觉察出了不公，而很多女性尚未觉察。她们没有意识到，这个问题本身就有问题。

访谈最后，张泉灵问了一个让人印象深刻的问题："为什么我们问到一个女性不顾家的时候，就会觉得她不成功，但得知男性不顾家的时候，就不会觉得男性有缺失呢？"问题就在这里。

平衡没有错，我们每个人的生活都需要平衡感。但问题是为什么社会只要求女性达到这种"平衡"，而从来不要求男性呢？

2
—•—

知名企业家董明珠也被问到过类似的问题。一次做节目时，有人问她每天会花多少时间在自己的穿着打扮上。她温和地笑了笑说："大概五分钟。"于是很快，董明珠的回复就冲上了热搜榜第一。

像董小姐这样一心扑在工作上的女高管，即使她确实过得很快乐，恐怕很多人也难以置信，因为她不符合社会对"女性"的角色期待。所谓"角色期待",在心理学上是指社会或个人对某种角色应表现出的特定行为的期待。比如社会对"男性"和"女性"这两种不同角色,就有不同的期待。我们从出生起就被设定好了性别角色,就像编码一样,由社会传统性别文化所决定:古代有"你耕田来我织布",现代则有"你负责貌美如花,我负责赚钱养家",而这些都是一种社会期待。

这种期待经过"社会化"后,会在潜意识里成为我们衡量自己的标准。最常见的"社会化"形式就是通过网络宣传一些完美平衡事业和家庭的女性,比如维多利亚·贝克汉姆。她有张照片一度在网上被人疯传:她一边拿着手机处理工作,一边还不忘穿着高跟鞋做拉伸、做护理,充满了一种掌控生活的平衡感,俨然是现代女性的楷模。

在这里,社会对我们的角色期待,已经内化为了女性对自己的期待:把重心放在家庭。即便有工作,也得两边兼顾。这就像美国著名社会学家罗伯特·金·默顿提出的一个概念,叫"自我实现预言"。这个概念来源于一个实验:实验者选择了一所公立小学作为测试对象,然后告诉老师部分学生是天才。老师果然对这些学生投入了更多的关注和期待,而这些学生最后也真的表现出了更高的智力增长。

自我实现的预言,就是自己给自己的期待。

3
—·—

这种期待是如何影响我们一生的呢?波伏娃说:"一个人不是生

而为女人，而是变成女人的。"如果说人生是一趟旅行，那么这种期待就是一条社会已经铺好的轨道。我们走上这条轨道，掉入"平衡"的陷阱，去承担几乎所有家庭劳动和育儿的责任。

我先前讲过一个极端的案例。当时微博有条热搜：浙江一位27岁妈妈因为通宵玩手机在深夜猝死。

有人喷她熬夜的理由可笑：自己不自律，能怪手机吗？只是我觉得，说这话的人一定没当过妈妈。为什么那么多妈妈喜欢熬夜？知乎上有个回答让人印象深刻：只有生过孩子的人才明白，当所有时间都被占据，只有深夜孩子睡着后的时间才是完完全全属于自己的。这个时候你不用再为孩子、家庭和工作忙碌。如果没有这段时间，你甚至就像一台机器，感觉不到自己还活着。就像那个猝死的妈妈，评论里就有人为她发声：她死时确实在玩手机，但那也只是为了给她的宝宝买衣服……真的，每次看到这种消息都让人很难过。

我还记得有天早上看到过一则新闻，说的是上海一家睡眠门诊部里，每周一早上都挤满了来看失眠的人。而其中除了商务人士，最多的就是妈妈这个群体。她们脸色灰暗、精神不振，像极了"过劳"。

"过劳"是什么？1974年，心理学家赫伯特·弗洛伊登伯格首次将它描述为一种因工作压力太大等原因导致的身体或精神崩溃。它和疲劳的区别是，即使你已经很累很累了，也还是会强迫自己继续劳作，难以安心休息和睡眠。

在中国，"过劳"多用于那些工作时间过长、劳动强度过大、心理压力过重的职场人士。但妈妈们呢？她们中的很多人比西装革履的商务人士更累：白天上白班，晚上还要上夜班。可是没有人会说一个妈妈买菜、做饭、洗碗、打扫卫生、带娃是她的工作，因为这些都被看成了"一个母亲的天职"。在中国、韩国、日本乃至整个东亚文化圈都是如此。在豆瓣高分日剧《坡道上的家》里，妻子每天都要干活带娃，而老公只需要回到家往沙发上一躺，嚷嚷着"给我来罐啤酒"。

在现实中，只要丈夫稍微洗个碗，亲朋好友看到都恨不能把他夸上天，还用羡慕的语气夸你："你真有福气，嫁了个好老公，知道疼人。"所有的夸赞其实只是因为他做了一件超出社会期待的事情。而这句话隐含的反面却是：男性做家务不在社会对他的期待之中。

很少有人会察觉这套规则的不对劲，我们至多也就是"喊苦喊累"，而且很多时候还是边喊边干活儿。我们迷失在了"如何把活儿干好"里，却很少有人会去质疑这些事情背后隐藏的规则："或许我根本没必要做这些。"

除了体力上承担了所有的家务和育儿义务外，很多女性还会因此降低自己在事业上的追求。我们曾经做过一个中国女性关于性别态度的调查，其中一道题是：生育后，您可能会做出的职场决定是？结果38%的女性选择从事时间更灵活的工作，85%的女性出于家庭原因拒绝有挑战性的工作。

妈妈们为了家庭付出确实让人敬佩，但这应该是她们个人心甘情愿的选择，而不应是一种所有女性都该完成的KPI。这会给女性太大的压力，这不公平，非常不公平！

4
—•—

回到开头那个话题，有人可能会说，你是不是有点儿反应过激，太锱铢必较了？人家提问者也没恶意。

我想起自己的一个男性朋友也跟我说过，"你不就是想说女性多难多惨，这套文化对女性有多不公平吗？我觉得我们做男人的才惨呢。你们不想工作了，还可以回归家庭，没有人会说什么；而我们呢，就只能在外面拼命'搬砖'，根本无路可退。"

他说得没错，但他的话恰恰说明了要求女性平衡事业和家庭的说法，其实也是对男性的束缚。

男性从小就被教育要"像个男人"，社会对他们的角色期待就是成为家里的经济支柱。如果他们的收入不如妻子或者事业一无所成，只能在家当全职奶爸，就会引来旁人鄙夷的目光。

但男性真的就更应该打拼事业，有更高的职业收入吗？男性真的就无法在家带孩子吗？显然未必。很多爸爸带孩子的方法即使妈妈们看了也会自愧不如。所以男性同样未必要按社会所期待的样子生活。如今，全职奶爸的人数已经越来越多，他们干起家务带起孩子来，很多比妈妈做得还好；而很多女性在职场上的表现也丝毫不逊色。尽管如此，我们的性别文化却依然停留在远古时代：让男性外出狩猎，竞争养家；女性在家照顾孩子，保证基因的传承。

就像董小姐所说，这个智能化的时代已经不是过去那种靠传统体力劳动来支撑的时代了，男女性别其实早已没有那么大的差异。

所以，希望有一天我们会为女性自我价值的实现而高兴，而不是玩味地去窥探她有没有兼顾家庭与事业。

当这个社会不再因为性别设定屏障，当我们能同时接受想回归家庭的爸爸以及想在职场冲杀的妈妈，并认为这不过是每个人的选择而已时，我们或许才能找到一种真正的"平衡"。

（作者：微微）

产后抑郁：看见就是疗愈的开始

1

我们从小看着自己的妈妈，会心疼也会感恩。但在我成为一个妈妈之前，从来没有人告诉过我妈妈身上还有我们看不见的一面。

我生孩子那一年二十九岁。从职场小白开始，我用了七年时间，总算做出了一点成绩。每次公司战略转型，老板都会把我派去开疆拓土。但刚开始担任新公司CEO那年，我怀孕了。那个时候，我依然每天开会到晚上八点，怀孕七个月的时候，还为了工作满世界飞。离预产期只有一个星期的时候，我心想差不多该休息了，于是安排好了接下来一个季度的工作，跟团队打下包票：等我回来，打个胜仗！没想到产假一休，就是半年。

生孩子前我见缝插针做了一个待产表格，从束腹带、喂奶衣到婴儿的吃喝拉撒用品，全都列了出来。此后很多年里，但凡有朋友要生孩子，都会把我的表格要去依样采购，还说"没见过这么全的"。但百密一疏的是，我漏掉了一个未知却又关键的准备——产后抑郁。

现在回想起刚生完孩子那段时光，我仍然心有余悸。我永远忘不了自己那时的狼狈不堪，像头困兽一样在烟雾缭绕的房间里不停地冲撞、挣扎，恨不得把世界毁灭了重建。加上失眠、敏感，那时的我简直一碰就炸。我觉得自己糟糕极了："要是我妈忍不住打我一顿，或者我老公终于受不了了离家出走，我都觉得理所应当。"

可这些事情都没有发生。我的家人一直对我很好。爸妈那时还放着老家的公司不管，跑来照顾我的饮食起居，他们安慰我："没事的，别难过。"我的老公一下班就回家陪着我，劝我不要沮丧，还头头是道地跟我讲道理。每一个家人都觉得我不应该这么抓狂，这么难过，连我自己都这么认为。我拼命想让自己好起来，但还是足足煎熬了至少半年。

我的表达能力还算不错，但很奇怪，我说不清楚自己到底怎么了。朋友要来看我，我在微信里拼命拒绝。他们太热情了，以为我就是客气。等他们来了，我硬撑着跟他们寒暄，他们说："你看着挺好的啊，别想太多，多跟大家玩一下就好了。"我只能一边笑，一边提醒自己："坚持会儿，他们走了就好了。"

我妈因为心疼我睡眠质量不佳，总是催我去躺着。于是我就一天一天地躺着，什么都不想做。有时候盯着天花板或者窗外的天空发呆，有时候翻一翻手机，看到朋友圈里大家热火朝天地聊工作、生活，我会迅速把手机扔掉，然后继续躺着。有时候我会歪过头去看看我的孩子，他总是在睡觉，丝毫感受不到我的苦闷。有时候我会忽然被什么惊醒，伸手去试探他的呼吸："我还活着吗？他还活着吗？"现在回想起那段时间，我最大的痛苦不是来自伤口，也不是睡眠不好，而是真的——"我说不清楚"。

当时我并不知道什么是产后抑郁，或者说哪怕我知道了，也不敢承认。我觉得我算不上抑郁，至多就是"作"，大家都觉得我很"作"。后来我看到一部关于产后抑郁的短片，里面采访了几对夫妻，其中一个妻子说了很多，但丈夫始终觉得妻子就是情绪不好。后来妻子咬着嘴唇说了一句话："是不是我只有去死，你才能知道我有多难受。"虽然离我生产那会儿已经过去了四年，但我还是被这句话给击中了。

我身处文创行业，身边的朋友和同事大都是媒体的同行，可是就连这个被认为视野广阔的群体，都从来没有人跟我聊过产后抑郁这个话题。现在想想，他们很可能从来都没有过这个概念。

后来，每一次我在媒体上谈到我那时候的感触，就会引来无数妈妈的共鸣。

糖糖虎说，孩子一岁多时，自己有一天晚上迷迷糊糊地扶着阳台的栏杆往上抬脚，心想只要翻过去，一切就结束了。是孩子的一声"妈妈"让她猛然意识到：天哪，是我女儿在叫我！她好像从梦魇里面回过神一样，吓出了一身冷汗。

杨泽说，那段时间感觉自己像在演戏，照顾孩子的时候是，与人交际的时候也是。最严重的时候总是想着怎么才能毫无痛苦地离开，有时候看着身边的孩子，还会想要不要带着她一起消失。

阿勤也说，身边人只关心孩子，没有人看到我需要什么，那个时候感觉自己就是一台产奶的机器，可是我明明是个活生生的人啊！我想要安慰、拥抱、鼓励和支持，可事实上什么都没有。

Cindy是我一个非常优秀的朋友，连她也说，生完孩子回归职场那段时间，自己每天都过得很煎熬，好像活着只是为了不断满足家人、同事和客户的需求，没有人在乎自己。直到有一天，她连给客户打个电话都变得特别困难时才终于意识到："我可能出问题了，我不是原来的我了。"

当妈妈以后发生的变化，跟一个妈妈是否优秀、处于什么样的环境、家里人对她的态度都有关系，但是关系都不那么大。这两年在经营公司的过程中，我每每听到这样的故事，总是特别感同身受。外界理解与否固然重要，却不是最关键的部分。最关键、最值得被承认的仅仅是这么一个事实：成为妈妈的那一年，身上确实会发生一些变化。

2
—·—

我创立Momself，想要做一个为中国妈妈提供终身成长解决方案的平台，其实就与这些经历密不可分。

很多人不理解。生了孩子，既能休产假，人生也顺理成章升级到了新阶段，难道不应该高兴吗？但现实情况却是：一个女人在生完孩子后，身体会忽然出现空洞，激素水平发生巨大变化；她会在一个新生命面前束手无策；婴儿大大小小的突发状况，如肠湿疹、黄疸、睡觉不安稳等，都需要她及时处理；她的性魅力降到最低，顾不上打扮自己，身体最私密的地方还要在生产时和产后被众人注视；她在家带孩子，多年所受的教育可能失去价值；甚至她连哭泣都会背负责任，因为大家会这么安慰她："别哭了，哭多了对奶水不好。"总而言之，她会觉得自己非常糟糕。

这时候，我很想告诉她们：你会难过是正常的。你当妈妈了，这不只是经历了一件喜事，更是度过了一劫啊。忽然多了一个新生命，你的家庭也在经历着各种动荡，兴奋、紧张、不安、焦虑，统统围绕着你。你周围的一切都在变化，有经济、社会方面的，也有来自家庭内部的。工作要变动，交际圈要改变，过去的兴趣爱好、事业理想都需再做打算，整个家庭里每个人的位置都需要重新经历调整。光是想到为那么一个小小的生命负责，就已经足够麻烦。但距离这些变化最近的，是妈妈，是你。

这些声音表达起来并不容易。坦白地说，不是每个人都能认同，即使同样作为妈妈的人。"为母则刚，"他们说，"有什么好抱怨的呢？"在他们看来，产后抑郁即使真的存在，那也一定是可控的。如果不去想它，不去刻意强调它的存在，或者充分意识到身为人母的责任，就可以充分调动自己的意志力和理性，自行克服。这个观点也有一定道理。有的奶奶或姥姥说："我们那时候生三个五个的，也没有哭成你这样啊。"

所以我也在想，如果我们老说产后抑郁，会不会给人不好的暗示，让人把一些负面情绪给主观放大了？为此，我也征询了很多专业人士的意见。但遗憾的是，从产后抑郁的成因到解决办法，从科学界到心理学界，至今仍然有着很多的分歧，也有待未来更深入、科学的研究与探讨。

不过所有专家都有一个共识，那就是产后抑郁确实是一种真实存在的痛苦状态，出现类似负面情绪的妈妈大概占比60%—80%，而由此发展成产后抑郁症需要就诊的妈妈，全世界的平均数据是13%—16%。然而，绝大部分新手妈妈和我一样，以为初为人母应该是欢乐和坚强的，痛苦无疑是自己的问题。可是她们从来没有想过：其实我们并不脆弱啊！

事实上，这种痛苦一部分来源于孤独和误解，如果不去看它，它也不会自行消失，甚至还可能因为被忽略而放大；另外一部分则由激素急剧变化导致，如果这种激素长时间没有恢复到正常水平，就需要药物和心理治疗的介入。

3
—•—

虽然很多父母、伴侣、朋友都爱着这些产后抑郁的妈妈，他们会着急，会力所能及地给予安慰，不过他们大多时候说的总是："老婆，我给你讲个笑话吧……老婆，你怎么不笑呢？""你看孩子这么健康可爱，你也不用上班，还能整天在家休息，想想这个难道不值得开心吗？""没事，等适应一段就好了。"但他们，或者我们，很少直接说出来："我知道你在经历痛苦，这可能就是产后抑郁。"我猜，我们可能太害怕"产后抑郁"这样的词了。它显得太严肃，太沉重，太违和。大家都在铺天盖地地颂扬母爱，朋友圈隔三岔五地有人晒娃，晒"别人家的妈妈"，这个时候我们不愿意承认，还有一些妈妈茫然不知所措地一边掉着眼泪，一边给孩子喂奶。她们怀疑自己，甚至不相信自己存在的价值。

这时候，哪怕有一个人告诉她们"还有很多人跟你一样，就像人都会感冒发烧，你只是生病了"，结果都会不一样。多一个人的关注，就会多一分支持和疗愈的力量。

就在你看这篇文章时，有的妈妈正被推向产房，有的妈妈为了照顾家庭与孩子精疲力竭，有的妈妈强忍着疼痛哺乳，有的妈妈担心自己会害了孩子，也有的妈妈正看着天花板默默流泪。关注她们，请先从承认"产后抑郁"的存在开始。

（作者：崔璀）

比生孩子更可怕的，是生完重返职场吗？

———

1

—•—

上周闺密小聚，新手妈妈L显得有些焦虑。产假还有一个星期就要结束了，按照公司人力的要求，她届时应当返回工作岗位，然而半年后她忽然发现，职场对她而言已经变成了一个陌生的地方。

"我真是全身心地投入了产假模式，每天围绕着娃，偶尔看看书，家里活儿多的时候帮着分担一下，日子忙碌得挤不出一点水分。刚刚习惯了一点，现在马上要在这本不富裕的时间轴里硬塞进八小时……不不不，不止八小时……你们说，这怎么可能？"她确实非常焦虑，眉头恨不得拧成一股麻绳。"我不在家，娃谁来带？我家娃谁都哄不住，只有我能搞定！还有，我最近患上了乳腺炎，但还得夜里起来给孩子喂奶，我还打算母乳喂到一岁多，怎么可能顾得上工作？本来休假前，我产检的时候请假就稍微有点儿频繁，结果主管说我那位子出勤率要有保证，不让我继续干了，给我换了一个整理台账的活儿，我这次回去还指不定做什么杂事呢……"

她哀怨地念叨完，好像才忽然发现了我们的存在，一下子拉住

208

了我和 W 的手："你们都已经是职场老手了，难道只有我一个人对重返职场这件事这么焦虑吗？你们当时回去的时候是怎么适应的？时间怎么够用呢？"她还没念叨完，我的思绪就飘远了。因为这个场景实在是太似曾相识了。

2

怀老大的时候，我也有过和她一样的担心。当时还算是职业上升期，长达好几个月的产假让我很烦恼：我不确定其他人会怎么看我，以及有了这么多附加角色后，自己还能不能重新契合到职场这块齿轮上。

"家庭事业我都想要，但两个没办法兼顾，我该怎么选？不甘心在家做全职妈妈，可重返职场想想就没那么简单，需要担心的事千头万绪，我该怎么应对？"这应该是很多职业女性产假后都非常纠结的问题。从怀孕到生完孩子，我每天都在想这个问题。生娃没怎么样，倒是这个问题把我难得头发大把大把地掉。

"你到底在担心什么呢？"产假快结束的时候，闺密 W 来我家看宝宝。看着我满脸愁容，她忍不住说："你说出来听听，说不定我能帮你呢。"

我长时间的焦虑好像一下子有了着落。那种找到支撑的感觉让我刹那间就红了眼眶。"我担心自己适应不了职场的节奏。"我哽咽着说。W 看了我一眼，笑着说："哎呀，还以为多大的事儿呢！我休完产假要回去上班之前也很担心啊，不过上班之后就轻松了，其实没什么。但首先，你一定要知道你担心的事大多不会发生。连照顾娃这么没有规律的事你都能做好，职场上那么有条理、讲规则的东西你居然会觉得自己搞不定？"

听她这么一说，我恍然大悟：对哦！工作是能计划的，会发生什么基本都可以掌控。可宝宝的需求就不一样了，妈妈的神经每时每刻都要紧绷，因为要根据宝宝的反应来做出实时判断。这两个难度系数，明显后者要高出很多。所以我如果连宝宝都能搞定，工作应该也难不到哪里去。

3

奈何乐观只维持了片刻，我就又犯了难。我犹豫着告诉 W："我觉得自己现在的身体状况恐怕支撑不住。不都说一孕傻三年吗？听说现在公司又新招了几个大牛，我真怕回去了之后自己被边缘化……"

"这事儿我有发言权，"W 忙不迭地接话，"你不是考了那么多证吗？你回去肯定有好多人争着要呢！我怀孕的时候营养指标都是负数，只好躺在医院输营养液，当时请了整整一个月的假，那个时候我都以为自己在公司要被人干掉了。但我在休假结束之前，就听说有好多部门争着要我，有希望我去做战略规划的，有希望我去做财务管理的，据说几个部门领导还在人力部门的办公室上演了'抢人大戏'，人力部的同事跟我说可精彩了。"她顿了顿，继续说道，"我觉得关键在于你是认真做事的人，你可以提前和直属领导沟通下，看看他们是不是有所安排。"

"也是！"我把我所在团队的情况回顾了一下，"业务骨干真的蛮缺的。部门里看起来好像没有位子，只是因为现在的事儿把这个人拉扯住了，说不定还等着我去解救他，让他能够投身到新的项目中去呢。活儿是肯定干不完的，所以人永远都是招不够的。"

W又抓紧宽慰我："你还是以前的你啊，不过生过娃脱了一层皮，但那么多年培养出来的职业素养和专业能力还在。第一，你自己要先自信起来，踏踏实实把活儿干起来，把结果交出来，用事实说话，其他人一定会相信你。"我忙不迭地点头。"第二，你要放下焦虑，认可自己的身体与心理状态。你要告诉自己：'我和以前没什么不同，干的事儿也没什么不同。'久而久之，其他人也不会把你特殊看待的。给你举个例子，就是我团队里的一个姑娘，她产假回来第二天就跟着我们去参加年度工作会，又是整理材料，又是修改PPT，和一群应届毕业生打成一片，最后连老板都不得不称赞她的表现，说是看不出有任何休过假的痕迹。"

我点了点头，似乎少了一些焦虑。也是，老板才不管你是不是当妈。只要认真工作，能完成KPI，发挥出你应有的价值，哪里都有的去，怎么可能没有你的位子。毕竟只要公司在发展，"缺人"就是一个永恒的问题。

"我怀孕的时候请假还算顺利，但也担心有了孩子之后，突发情况会比较多。你也了解，以我的性格根本就不好意思请假啊。"我说。"请啊！这有什么不好意思。为什么不坦诚地和上级说呢？我有一个下属，每次她女儿有什么情况，她都会纠结好久，才跟我开口说：'那个……我家娃又……'到后来，每次她找我，一段话半天说不完整，我基本就猜到她要说什么了。我其实非常理解这种兵荒马乱的状态，只要有孩子，都会经历这么一段时间。所以，第三，只要她能保证工作质量，又不耽误其他人的工作进度，其实我和其他同事都没有什么意见。"

W的这段话又一次点醒了我。当了妈妈之后的兵荒马乱毕竟不是我的错。我理解上级想要我完成工作，而我也需要上级和同事理解我的不方便之处，这其实可以通过坦诚的沟通协商出一个共赢方案。职场也可以是一个互帮互助的地方。

4

"还有最后一个问题，"我伸出一根手指，"我知道职场是一个互帮互助的地方，但很多事情我其实不放心交给别人来做，不管是家人还是同事。""所以，能怪谁呢？"W一副恨铁不成钢的样子，"放宽心啦，要相信家人和同事都可以帮助你，这是第四点。你想，这就跟团队合作一个道理，其实大家的目标都一样，只是需要分工与合作。没有人天生就是全能的，凡事都需要锻炼，所以有时候真要换个思路。怎么说呢？就跟你带徒弟一样，总归要允许他犯点儿错，才能熟练起来，你如果一直护着，他可能永远都出不了师。"

仿佛为了让我能更安心，她又拿出了自己的例子。"我自己从一开始就对回归职场这件事的立场很坚定，我希望我的孩子将来进入职场的时候，我可以用我的经验帮助到他，也希望他能够看到我在职场上的状态，学会勇敢地面对职场环境。我老公很支持我，于是问题就显而易见了。回去工作之前，我们忙着给全家人一起分了工：谁该干这个，谁又该干那个，老人每天的日程怎么安排，我们俩如何在周末替班，双方老人需要在哪个假期替班，大家都没空的时候我妹妹是否能来搭把手……所以我后来真的还蛮轻松的。没出过什么大乱子。"

和 W 聊完之后，我立马也做了一个"排班计划表"，就连各种突发事件的应对预案，我都写得清清楚楚。我把这个"排班计划表"复印了好多份，家中人手一份，之后就一身轻松地回到了工作岗位。从回归到现在已经过去了六个多月，其间不是没有出现鸡飞狗跳的"临时状况"，但都被我巧妙地化解了。所以你看，"重返职场"这件事说难也难，说不难嘛……其实真的有办法。

以我的经验来看，当你开始着手解决问题时，很多原先想象的糟糕画面其实都是不存在的。

5

———•———

但我也知道，很多新妈妈还是会犹豫，会放不下，觉得"家里的人更需要我，我真的没有办法放开手"。

其实有这种想法完全正常。尤其是你刚刚经历完分娩，妈妈的天性更会使你无时无刻不挂念着那个小天使。所以如果你真的很纠结，不妨试着问问自己：第一，你是否真的喜欢职场，希望在职场里有所成长、有所收获？第二，你是否认同一个人的精力是有限的，永远不可能长出三头六臂，把一揽子事儿全都搞定？

如果你能笃定地回答"是"或者"否"，我相信你的内心早已有了判断。或许你缺少的，只是一点决心、一股勇气和一份平常心。正如德国作家黑塞在《德米安：彷徨少年时》中所说："每个人的生命都是通向自我的征途。"当我面对眼前这个纠结苦恼的L，忽然发现她完全就是之前的我！于是我以过来人的姿态安慰她："亲爱的，你肯定也认同一个人精力是有限的吧？你读过那么多书，考了那么多证，你也是喜欢职场，想在职业生涯中不断成长吧？那为什么不把你的诉求、想法乃至担心都告诉家人以及公司的主管呢？及时的沟通能增进互信，也只有真诚地信任彼此，才更容易获得来自对方的支持。"我停顿了一下，补充道："也许他们，正等着你开口呢。"

（作者：秦苑夕）

说出来你可能不信，其实当妈的员工更好用

1
— • —

五年前我休完产假回公司，老板见面第一句话就是："三年内应该不会再生了吧？"半开玩笑半认真。当时特别理解他。公司正处于发展的关键时候，我又是核心高管，生了孩子，一颗心分成两半，万一家里有个什么大小状况，工作必然受影响，时间上也不自由，不能尽情挥洒人生。

一晃五年过去了。今年小核桃已经"大"到会在我乱发脾气的时候很平静地说："我又不是你同事，你干吗对我发火？"

这几年里，我做过投资公司的合伙人，一年投过十几个项目，飞得最频繁的时候，常常一觉睡醒，恍惚间不知自己身在哪个城市。同时还创立了 Momself，成了一个毫无喘息之机的创业妈妈。

有因为孩子耽误工作的时候吗？有，而且时常为此焦虑。有为了工作忽略孩子的时候吗？有，偶尔也会为此愧疚。不过要真说起来，作为一个妈妈，我近几年的工作总时长就算比起过去八年的总和，也有过之而无不及。所以在这里，我想为妈妈们说几句话。

2

前几天和一个创业的朋友聊天，她向我说起最近有个重要岗位招聘，两个人选都不错，一个是妈妈，另一个未婚未育。"还是挺喜欢第一个的，经验丰富，但我有点儿犹豫……""因为是妈妈？""嗯……你别介意啊，我没有别的意思。"我忽然想起五年前老板为难的样子。说实话，我仍然理解他。

当你面对一个活生生的人时，你很轻易就能知道，她是活泼还是安静，稳重还是张扬，负责还是敷衍，但当你面对一个群体时，你会忽然失去判断力。社会上充斥的各种声音都在告诉我们，"妈妈就是在工作上会少付出一些""妈妈对工作的确没办法投入太多""妈妈的牵挂太多"。对一个群体的描述，常常让我们放弃思考并忽略这样一个真相：每一个人都是不同的。

不过还好，总有些人不按套路出牌。我有个朋友菜包包，儿子六岁，古灵精怪，一直都很讨人喜欢。前几天她跟我说，打算辞职了，原因是工作太多，没办法陪孩子做作业，孩子的作业拖延问题格外严重，而且情绪也很糟。其间她自己也挣扎着做了各种努力：第一，心平气和跟儿子耐心地解释为什么晚回家。第二，直接回避。孩子问她今晚什么时候回家时，打马虎眼："哎呀，我回来也没用，作业还是要你自己做。"第三，试图开家庭会议解决问题。没想到还没落座，儿子就崩溃大哭，拒绝"开会"（解决问题）。

结果，儿子的情况越来越糟，最后甚至影响到了他在学校跟同学的关系，老师为此找他们夫妻俩谈了好几次话。"看他哭得都喘不过气，我真是心疼极了。我大概真的是一个传统妈妈吧，只能放弃工作了。"她很沮丧地跟我说。看到这儿，相信很多做过HR的朋友都会拍大腿："你看，我就说吧！"我在内心里当然不认为这个世界上只有"留下和走"两条路，就让她再想想，等我出差回来再当面聊。结果等几天后回到杭州，飞机刚落地，就收到了她的微信："我打算留下来好好做！！！"

当天晚上我就约她见面，为了那三个让人惊讶的感叹号。

3

原来菜包包就遇到了一个不按套路出牌的老板。这位老板仔仔细细地询问了她的情况，包括她儿子的举动以及她对家庭与工作的想法。"如果你真的觉得自己是一个传统的妈妈，那就算为了孩子好，你也一定很想要以身作则吧。"老板这句话，彻底戳中了菜包包，她忽然意识到，儿子一旦在学校跟同学相处不好，或者有些厌学的情绪，就会跟她说，我不喜欢那个学校，帮我转学吧！"这跟我工作遇到一点儿困难就想要放弃，倒还真是挺像的。所以我辞职这件事给孩子传递的信息就是，一旦未来遇到什么困难，我是可以随时选择逃避的。"

菜包包可不想做这样的妈妈，可是一旦选择继续留在公司，是不是就只能继续面对孩子的糟糕状态了？她左右为难。幸运的是，老板琢磨了一晚上（这个老板还挺感人），第二天给了她两个建议，让她回去这么跟孩子谈谈：（1）"因为你的抗争，妈妈去跟老板争取了，老板说既然你儿子这么希望你陪他，那你可以准时下班。"这个建议的关键是，要特别强调"因为你的抗争，老板妥协了"这句话。（2）"虽然能准时下班，但妈妈的工作是做不完的。所以我每天回家要花两小时来加班。你写作业的时候，我需要加班。如果你实在想让我陪，我也可以先陪你，但是你睡着之后，我还是需要花两小时完成工作。"这个建议的关键是，要特别强调"两小时"，因为菜包包的儿子每天做作业的时间就是两小时。

当天晚上，菜包包一回家就采取行动了。这件事已经成了他们家的主要矛盾，一分钟都耽误不得。"因为你的抗争，妈妈去跟老板争取了……"话还没说完，小朋友就"嘿嘿"笑了起来，自言自语地说"还可以这样啊"，俨然一种阴谋得逞的感觉。至于"两小时"的建议，儿子也同意了。他们一起定了闹钟，分头做作业和工作。有一次，儿子悄悄地挪过来："妈妈，你看我这里好像有点儿痒……"菜包包的工作被打断了，刚想冲儿子发火，转念又想起了老板的建议，于是说："如果你真的想让我陪，那我们就玩一会儿吧！"

听到妈妈这么说，儿子忽然说，"哎呀，算了吧，我还定着闹钟呢，我得赶紧去写作业。"就这样，菜包包被留在原地，一个人目瞪口呆。接下来几天，她每天都像发现新大陆一样："天哪，原来我儿子的作业只要半小时就能完成，他以前真的是故意拖到两小时啊！

我被震惊了，他又变成了可爱的天使宝宝，不仅对我关怀备至，连睡觉都不拖延了。"到最后，她不禁感叹道："孩子真是爱得很纯粹啊。只要自己的需要能被人看见，他就会好起来了。"

我心想，大人又何尝不是呢。每个人都有自己的潜能。传统妈妈也好，单身少女也好，如果你真的愿意，便可以去发掘这种潜能。哪怕是你认为的"劣势"，只要你多一双善于发现的眼睛，也可能把它转化为优势。

菜包包以极大的热情重新投入了工作，因为她要给孩子树立一个好榜样。这是妈妈们与生俱来的优势——负责。生孩子之前，不努力顶多对不起自己。但成为妈妈以后，我们开始需要为另一个生命负责。这种责任感有时候对我们是一种压力，但如果使用得好，它也可以是能帮助我们战无不胜的动力。

4
—•—

妈妈们还有一个特别珍贵的潜能：时间观念。

最近公司入职了一位主笔，职业理念、个人条件各方面都很契合，面试到最后，她弱弱地说："我真的很喜欢这里，唯一有一个问题，我的孩子还不到一岁，我想每天在她睡前能有两小时陪她。但是我知道咱们通常都会加班到很晚……"我还没来得及说话，她马上说："但我也会想想怎么调整。"

也许说到这里，又要有人开始念叨了：你看，我就说吧。妈妈在工作上就是不靠谱。但我对此并不赞同，于是直接告诉她："哦，不，我想跟你说的是，在这点上我跟你的诉求一模一样，非常希望能把排版、起标题之类的工作时间提前到每天晚上7点。我也不想在仅有的陪孩子的半小时到一小时内，还要不断看手机，惦记着今晚文章的标题有没有起好。"

如果事情按照我们这两个妈妈的心愿发展，那么可以预见的是，她会在以下事情上奋起直追：写稿效率要提高、备稿数量要增加、选题储备要丰富、尽快建立约稿机制。因为没有时间，我们更需要想尽办法挤出时间。

你可能会问，听上去好像有点儿让人心酸，成为妈妈之后真的要这么争分夺秒吗？其实也不一定。但前提是你没那么贪心。因为贪心，所以才想跟毛茸茸的孩子一起在床上打滚，互相依偎着读故事；因为贪心，才想要守护住自己喜欢的事业，守护一个能一起玩闹与拼搏的团队。

说白了，时间不够，就要想方设法变出新的时间。如此几年下来，我硬是逼自己练出了一种能迅速进入工作状态的能力：当年还小，写篇稿子之前怎么着也要沐浴更衣，点个熏香，再把双手涂上护手霜。现在呢？不知道多少稿子和方案是在小朋友玩玩具、看书、跟姥爷搭乐高，以及被姥姥喂饭的十分钟或者八分钟之内写出来的。

以前总觉得十分钟时间最多也就只能发个呆，现在挂在嘴边的却常常是："我现在有十分钟，我们快速讨论一下。"在时间以分钟为单位重新划分以后，我的时间似乎莫名地多了起来。

　　其实除了责任感与时间观念，妈妈们还有很多优势，比如多线程处理问题、耐心超好，等等。当然，不是所有妈妈都这样，但我想说的是，如果真正关注个体，你就会发现，每一个妈妈都有独特的优势。如果舆论告诉你"那是劣势，要避而远之"，但你每次却能逆势而上，发掘并发挥你的优势，那么恭喜你，你离有趣的灵魂以及更通透的生活又近了一步。

（作者：崔璀）

当母亲很好，但女人也可以有其他选择

——

1
——•——

传统观点认为结婚就是为了生孩子。马云也说："所有的东西都可能是别人的，都可能是假的，只有孩子才是真正自己的东西，多生孩子吧！"不过马云这句话一说出来，全国人民都炸了锅。

趁今天母亲节，我要说一些煞风景的话。我最近做培训，课间跟一个德国老师闲聊。他用宏观的视角看人类的发展，得出了很多有趣的观点。他说，"爱情"这个概念其实是最近几百年才被发明出来的，之前只有婚姻。婚姻的历史要比爱情长得多。起初，婚姻本质上只是一个社会契约，它被发明出来是为了解决很多问题，诸如繁衍、经济以及部落间的和平，那时候是不需要爱情的。中西方都如此，挺有意思。但人类社会发展到更开化的程度，光凭这样一个契约，就解决不了问题了，甚至会产生更多的问题，结婚于是变成了一个可选项，至少跟谁结婚是一个可选项。两家大人点点头，甲男就必须跟乙女搭伴过日子、生孩子，还得一辈子厮守。凭啥？是把人当成了繁衍后代的工具，还是联姻的信物？年轻人不干了，开始质疑这件事：结婚是为什么呢？为了父母家族，还是为了自己？怀疑一旦产生，就难以消除了。这时候，就有了爱情的概念。人们可以挑选结婚对象，按照自己的喜好自由决定跟谁一起过。有了爱情这个东西之后，婚姻还是婚姻，但性质已经完全不一样了，它变成了浪漫关系的一个载体。

合则留，不合则去。举个简单的例子，幼儿园的小男孩对小女孩说："我们结婚吧！"小女孩也可能回答："但我不喜欢你呀。"

2

人类还在发展，很多概念都在不断形成与变革中。那要不要生孩子，要不要当妈呢？这也是一个可选项吗？我对德国老师说，"为人父母"这件事近年来也经历了巨大的转变。最大的变化就在于它再也不是一个必选项。一件事情一旦可以自由选择了，性质就会变得不一样。

妈妈很伟大，向妈妈致敬已经成了每年母亲节的基调。好像一个女人成为母亲，天然就是某种"正确"的选择。女人不但要生孩子，还要把"妈妈"作为自己最闪亮的身份标签，一年364天无私奉献，却只能享受一天的荣光。但现在已经有越来越多人开始怀疑：只能这样吗？跟其他选择相比，"妈妈"的身份对一个女性而言，具有某种天然的正确性吗？

我这些年在为一些团体提供咨询。参加团体的人往往以女性居多。她们花费金钱与时间来到团体,和一群陌生人坐一起。做什么呢?不只是为了聊天,如果只是闲聊的话她们不如去找闺密。也不只是为了疗愈个人的心灵,否则不如直接去做个体咨询。

我理解她们来到这里,本质上只是想做一件事,那就是通过彼此确认生活中还有其他的选择。什么意思呢?就是很多事,比如说成为"妈妈",在很多人看来根本不是一个选择题,但她们想在这里寻找其他可能性。

个体害怕去怀疑和谈论社会上司空见惯的某些事情,似乎就应该且必须遵循大家约定俗成的办法。哪怕心里有了疑问,以这样或者那样的形式表现出来,在传统的社会框架里也会被看成是"个人"的问题,需要个人去"克服"。然而,跟不同的人在一起,敞开谈论它们,这些事会具有不同的意义。这是一个全社会打破"牢笼"的过程。

3

那要不要做父母呢?这件事马云也说了:毫无疑问,一定要做,结婚就是为了生孩子。但平心而论,这话放在一二十年前,从一个不那么出名的人嘴里讲出来,会觉得过分吗?

你随便参加一个婚礼,老一辈的人都会说什么早生贵子,说不定还会拿大枣、花生、桂圆搞个助兴节目。你说不定也会跟着鼓掌,觉得热闹:结婚可不就是为了早点生孩子吗?

到什么时候，这句话开始变味了呢？就是因为越来越多的人产生了怀疑。一个人的时候，或许只有一些弱小的萌芽。但当一个人变成一群人，她们会在彼此的眼中确认自己的感受。我不止一次听到团体里的妈妈说，她们会在心里责怪自己的孩子。有时有个一闪而过的念头说：没有这个孩子就好了，生活该是多么轻松畅快。

如果在以前，人们会说：不可以这样想！这个妈妈是不是有心理问题，怎么会想摆脱自己的孩子呢？太邪恶了。就连这么想的妈妈也会忍不住自责。但如果她们在一群同样认真的女性面前说出来——"有人像我一样吗？把孩子留在家里，自己出门的时候，会松一口气吗？"大多数女性都会笑着举起手。

这是这个时代奇妙的地方。人们可以直面一些更真实的感受，向别人或自己适时地表达出来，哪怕它们在传统的话语体系里，是一些不那么正确的东西。这就是我说的选择。

4
——•——

我们见过不同的人：有人子孙满堂，阖家欢乐；有人婚姻很幸福，却打算丁克一辈子；也有人根本不想结婚。

在我的团体里还有一些单身妈妈，她们自己带着孩子生活，一样过得很精彩，完全没有很多人想象中的苦情。"为什么要当妈妈"，这是团体里最多被提起的问题之一。这样的问题常常会引发热烈的讨论，没有一个人想当然地说："女人就该当妈啊！"但我也并不觉得马云错了。他的认识本身也代表了很多人的看法,他们也是好人,热爱生活的人。同时他们把对生活的热爱集中放到家庭上,认为儿孙绕膝是人生最大的幸福。这当然是一种追求,说是主流的追求也未尝不可。只是要看到,它不过是一种选择。"选择"的意思,就是选别的也可以。

我对于"主流"的选择总有一种莫名的警惕,稍不注意,它就会因为人数上的优势,化身成某种意义上的"正确选项",从而让其他选项感受到某种被指责的压力。这种压力是毫无建设性的。我有一个不婚的来访者。她活得很好,有事业,有兴趣爱好,也有同样不想结婚的爱人。或者应该说,除了过年回家,她一年绝大多数时间都活得很好。春节回家如今变成了她的噩梦,她需要在这段时间应对父母和亲戚无休止的催问。在一次激烈的冲突中,她对父母喊:"你们明明知道我活得很好,怎么就不能接受我像现在这样的活法呢!"

她的父母说了实话。她父母说:"如果这个世界上没有其他人,我们可以接受你这样。但是没办法,现实是我们和你都生活在别人的眼光中。"这就是为什么我们要格外为那些少数的选择发声,去抗衡马云这样"传统"的祝福。

5

不是说祝福本身不好,而是它太好了,显得调门太高,太耀眼了，那就必须有人说"也不一定非要这样"这种话。这种话看起来是废话，但很重要。对于那些不够勇敢的普通人来说，他们知道有选择，却不能选择，因为那些道路已经被封死了。封在路上的不是荆棘，而是鲜花、赞美和祝福。

在一个可以选择的时代，却不得不走上一条被"祝福"的路，甚至有时你还得挤出笑脸，接受这样的"祝福"，就为了满足其他人的期待。这不只是个人，更是一个时代的悲哀。

生孩子只是满足这种期待的第一步，生了孩子是否就可以一劳永逸并摆脱别人的眼光呢？也不是。还有早教呢？小升初呢？科学育儿呢？学区房呢？难道你就忍心让孩子落后？生了孩子却没有全心全意地为他付出，你是一个合格的父母吗？

常常在网上看到大量妈妈的吐槽：累，真的累。烧钱、烧时间，甚至还烧掉了自己的职业前途，以及自己的兴趣爱好和朋友圈子。在这个过程中，我猜同样也有人想说："我一定得这样吗？我难道不能出去赴一场约会，把孩子暂时交给保姆照管吗？我必须把十几年的生活重心，全都放在妈妈这个身份标签下吗？"只是我不确定是什么东西，让她们把这些想法强行压了回去，变成了网上嘻嘻哈哈的调侃。也许，就是母亲节铺天盖地的祝福吧。

今天母亲节，说这些好像有点儿煞风景。但正因为是母亲节，我才想说：不当妈妈是一种选择，必须先承认这一点，我们才可以说当妈妈也是一种选择。同样的逻辑，在选择成为妈妈的人里，当一个"不那么全身心付出，而是把个人追求放在孩子之上"的妈妈是一种选择。在这之后，我们才可以说当一个伟大的、全身心投入的妈妈也是一种选择。

任何事情，"我只能如此"和"我选择如此"，意义是完全不同的。认为自己只能朝前走和随时可以停下来却选择朝前走，意义也完全不一样。

正因为知道不是必须，这才伟大。伟大来自"你"为一件事赋予的意义。没有别人，只有你。一旦意识到选择的自由，你就回不去了。首先你会开始怀疑：我为什么要过这样的人生？如果不是我必须接受的，我选它的意义在哪里？

你会认真对待这个问题，或者需要讨论，和不同的思想碰撞，思考不同的人生。讨论到足够充分的时候，也许你会更确定：这就是属于我的人生。没有人非要我这样过，但我愿意这么过。

不是为了颠覆，只是需要重新确认它的价值。

（作者：李松蔚）

妈妈的"战争"

Momself 编著

图书在版编目（CIP）数据

妈妈的"战争"/ Momself 编著 . — 北京 : 北京联
合出版公司 , 2021.10
ISBN 978-7-5596-5488-5

Ⅰ . ①妈… Ⅱ . ①M… Ⅲ . ①母亲－家庭社会学－通
俗读物 Ⅳ . ① C913.11-49

中国版本图书馆 CIP 数据核字 (2021) 第 165864 号

出 品 人	赵红仕
选题策划	联合天际
责任编辑	刘 恒
特约编辑	清 和 金 洁
美术编辑	程 阁
封面设计	千巨万工作室

出 版	北京联合出版公司
	北京市西城区德外大街 83 号楼 9 层 100088
发 行	未读(天津)文化传媒有限公司
印 刷	三河市冀华印务有限公司
经 销	新华书店
字 数	158 千字
开 本	880 毫米 ×1230 毫米 1/32 7.75 印张
版 次	2021 年 10 月第 1 版　 2021 年 10 月第 1 次印刷
I S B N	978-7-5596-5488-5
定 价	45.00 元

关注未读好书

未读 CLUB
会员服务平台

本书若有质量问题，请与本公司图书销售中心联系调换
电话: (010) 52435752

未经许可，不得以任何方式
复制或抄袭本书部分或全部内容
版权所有，侵权必究